ポストコロナ時代の

自治体議会改革講義

二元代表制

議会基本条例

政務活動費

髙沖　秀宣　著

自治体議会研究所代表

東京法令出版

改訂版はしがき

　本書は，初版はしがきにも書いたとおり，自治体議会の議員や事務局職員等に対して研修会やセミナーなどで話をする際にレジュメ用テキストとして使用することを目的として書いた本である。初版は刊行以来5年が経ち，おかげさまで全国各地での研修会やセミナー開催で使用してきたので在庫が少なくなってしまって，出版社の方から増刷したらどうかというお話をいただいた。

　また，御承知のように，2020年1月以来の新型コロナウイルスの感染拡大により，世界的に各方面で大きな影響を受け，自治体議会の分野においても，議会運営等においてオンラインによる議会運営等の新たな問題も生じてきた。

　そこで増刷するに当たって，改訂版を発刊することとなった次第である。

　今回の改訂版では，以下の点で改訂を行った。
1　政務活動費について，第VI講から削り，第IX講で新たな講建てとした。
2　第VI講において，新たに「政治倫理に関する条例」の節を設けた。
3　終講において，第4節に「オンラインによる議会運営」を加え，さらに第7節として「「自治体議会法」の形成と「自治体議会学」の構築」を加えた。

　改訂に当たっては，東京法令出版（株）の湯浅崇さんに格別の御配意と御尽力をいただいた。心から感謝いたしたい。

　2023（令和5）年7月　自治体議会研究所のある自宅にて

髙沖　秀宣

初版はしがき

　本書は，「自治体議会改革」について，自治体議会の議員や事務局職員等に対して研修会などで話をする際にレジュメ用テキストとして使用することを目的として書いた本である。周知のように，「議会改革」については，多くの学識者の先生方が有益な書籍を公刊されているが，特に新人議員や事務局職員にとって比較的理解しやすい，初心者レベルでの"自治体議会改革の体系書"的書物が少ないと感じていたので，本書がその一つになればと思った次第である。

　なお，自治体議員や公務員を目指す学生にとっても比較的読みやすい教科書になったのではないかとも思っている。

　筆者は，2014（平成26）年3月に三重県庁を退職し，同年4月から三重県地方自治研究センターにて，「自治体議会」をテーマに研究員としてお世話になっている。現在まで早くも4年が経過したが，その間幸いなことに北は北海道の市議会や町議会から，南は沖縄県宮古島や石垣島の市議会まで，全国各地の自治体議会のうちの一部ではあるが実際に訪問させていただき，研修会等で講演もさせていただいた。

　また，（一社）日本経営協会の東京・関西・中部本部においては，力不足ながらも自治体議会改革関係の講座も担当させていただいている。そういった経験から，本書は自治体議会改革を考える上で参考となる論点などを盛り込んで，議会改革に対する問題提起の意味も込めて書いたものである。

　もちろん浅学菲才はもとより，他の多くの先生方や研究者の方々の著作とは比較にならないほどの貧弱な内容ではあるが，お世話になった三重県地方自治研究センターでの研究成果としての意義もあると勝手に公刊させていただいた次第である。至らぬ点や誤って解釈している点など多いと思われるが，先輩諸氏の御指導をいただければ幸いである。

　なお，本書の書名については，「自治体議会改革」概説とか序論とで

も書ければ言うことはないが，とてもそのような名を呈するほどの内容でもない。迷った挙げ句，学生時代にお世話になった我妻栄『民法講義』をはじめ，三重県議会事務局時代に御指導いただいた大石眞『憲法講義』などの名著や，近時の猪野積『地方自治法講義』，磯崎初仁『自治体政策法務講義』に倣い，『自治体議会改革講義』とさせていただいた。書名だけまねるのではなく，今後研修会等で使用しながら少しでもそのレベルを上げていければと思っている。今後の課題といたしたい。

2018（平成30）年7月

髙沖　秀宣

目　　次

第Ⅴ講　議会力の強化

第Ⅵ講　議員の資質向上と処遇

第Ⅶ講　議会事務局改革

第Ⅷ講　自治体議会と住民

第Ⅰ講　議会改革とは

本講のポイント

第1節　議会の存在意義

1) 憲法第93条の規定を根拠として，地方公共団体には，その議事機関として議会が設置されている。憲法では，「地方公共団体の長」よりも先に「議会」のことが規定されていて，その重要性は，「首長」よりも「議会」の方が優位とも捉えることができる。

2) 議会は何のためにあるか？　少なくとも議会には首長の独善・偏向・暴走を防ぎ，防波堤の役目は期待されているが，議会の在り方については，住民としては改めて問いかけていかなければならない重要な問題である。

3) 2017（平成29）年6月に高知県大川村で人口減少に伴い「議会廃止の検討」が始まった。総務省でも「町村議会のあり方に関する研究会」が設置され，小規模議会の在り方が議論され，2018（平成30）年3月にその報告書が公表された。それによると，現行の議会制度の他に，「集中専門型議会」と「多数参画型議会」の新たな議会制度をそれぞれの議会が選択できる制度が提案された。ただ，二つの新たな議会制度には，今後解決すべき課題も多く，慎重で十分な検討が必要である。

第2節　地方分権改革と自治体議会改革

1) 地方分権改革は，地方分権の推進を図るための関係法律の整備等に関する法律（以下「地方分権一括法」という。）が施行されたのを機に具体的な政治課題として取り組まれたが，最大の成果は，機関委任事務の廃止であり，国の関与の在り方を改革し，国と地方の関係を上下主従の関係から，対等なものへ置き換えようとするものであった。

2) 　現在でもその改革が進められていて，地方公共団体の意思決定，執行機関に対するチェック等において，自治体議会の役割の重要性が強調されている。

3) 　総務省の地方制度調査会では，「自治体議会の政策形成機能と監視機能の充実が必要とされ，専門的知見の活用など長と議会の在り方が検討課題」とされ，「政策立案や法制的な検討，調査等に優れた能力を有する事務局職員の育成や，議会図書室における文献・資料など体制の整備・強化が図られるべき」とされた。

4) 　議会制度や議会運営の在り方について，議会活動に関する議員への研修の充実や議会事務局職員の資質向上，議会図書室の機能向上が必要であり，意思決定過程への住民参加としては，公聴会・参考人等を通じて議会への住民参加を図り，議会における審議・議決に反映していくこと，更に議場外での住民参加の取組を進めるべきとしている。

第3節　自治体議会改革の意義と課題

1) 　神原勝・北海道大学名誉教授は，議会改革が進むにつれて議会間格差が見られるようになったとし，「先駆議会」，「居眠り議会」，「寝たきり議会」に三分化してきたとする。

2) 　佐藤淳・青森中央学院大学准教授は，全国の議会は大きく「居眠り議会」，「目覚めた議会」，「(改革)したふり議会」，「真の改革議会」の四つに分類されるとして，議会基本条例の制定が進むにつれ，危惧しているのが，「(改革)したふり議会」の増加だという。

3) 　筆者は，「寝たきり議会(冬眠議会)」，「目覚めた議会」，「居眠り議会」，「真の改革(先駆)議会」の四つに分類するが，それぞれの議会に対して議会事務局がやるべき役割があり，特に「居眠り議会」における議会事務局の役割が，自治体議会改革では大きなウエイトを占めることを議会人は自覚すべきである。

4) 　議会改革は，現状を打破し，議会の「復権」を目指す動き，

議会の信頼を回復する動きとも言えるのではないか。

5) 全ての議会に当てはまるような議会活性化に向けた単純な解決策は存在しない。自治体の数だけ議会改革の処方箋はある。

6) 自治体議会改革の課題としては，議会への住民参加，議員間討議・自由討議と議会からの政策提案，議会事務局改革，住民（有権者）改革などが重要である。

第❶節　議会の存在意義

(1) 地方自治法施行70年における自治体議会

　地方自治法は，2017（平成29）年5月3日にその施行70年を迎えた。周知のように，憲法第93条の「地方公共団体には，法律の定めるところにより，その議事機関として議会を設置する。地方公共団体の長，その議会の議員及び法律の定めるその他の吏員は，その地方公共団体の住民が，直接これを選挙する。」の規定を受けて，「法律の定めるところ」として地方自治法第89条で「普通地方公共団体に議会を置く。」と規定されている。

　この憲法の規定を根拠として，およそ地方公共団体には「議事機関としての議会」が存在するものと解釈されている。憲法では，「地方公共団体の長」よりも先に「議会」のことが規定されており，その重要性は，「地方公共団体の長」よりも優位とも捉えることができる。

(2) 議会の在り方──「議会廃止」の危機

　議会は何のためにあるのか？　この根源的問いかけには幾つかの答え方があろうが，少なくとも議会には首長の独善・偏向・暴走を防ぎ，防波堤の役目は期待されているところであろう。いや議会が存在しても首長の暴走が止められず，議会が開催されずに首長の専決が続いた自治体もある。

　そうなると，議会の在り方，議会は何のために存在するかは，住民
としては改めて問いかけていかなければならない重要な問題である。

　その地方公共団体にとっては，長よりも優先的に考えられている自
治体議会ではあるが，総務省によると，地方自治法施行70年の歴史の
中では1950年代に東京・八丈小島の旧宇津木村（現八丈町）で議会に
代わり町村総会が設置された例があり，2017（平成29）年6月，過疎
の村である高知県大川村で議会廃止の検討が始まった。「議会廃止の
危機」であると思われる。

　人口約400人の大川村では，村議会選挙は統一地方選で行われ，
2003（平成15）年には定数を10から8に減らしたものの7人しか立候
補せず，無投票当選が確定。その後定数が6となった2007（平成19）
年と2011（平成23）年は選挙戦となったが，2015（平成27）年は再び
無投票となった。2019（平成31）年の次回選挙で候補者が4人以下に
なる可能性も否定できないため，村にとっては議会の在り方，議会の
存在意義が大きな課題となっている。

　また，この大川村での検討を受けて，地元高知県においても，大川
村及び高知県は，協働して村議会を維持する場として課題解決策を検
討するために，「大川村議会維持対策検討会議」を2017（平成29）年
6月に設置した。

　さらに，総務省においても，議員のなり手不足等により特に町村の
議会運営における課題が指摘されていることに鑑み，小規模な地方公
共団体における幅広い人材の確保，町村総会のより弾力的な運用方策
の有無その他の議会の在り方に係る事項などについて具体的検討を行
うため，「町村議会のあり方に関する研究会」（座長：小田切徳美・明
治大学教授）を設置することになった。主な検討項目は，町村議会の
人材確保等について，町村総会の弾力的運営の可否についてであるが，
同年7月に第1回研究会がスタートした。

　なお，大川村においては，同年9月に，国や県でも大きな動きが

あったとして，町村総会の検討は，一時中断するとしたが，村単独での検討を中断して，国の検討会や高知県との検討会議での情勢をみるようだ。

　そこで，総務省や高知県の検討結果には注目されるところであるが，住民にとっても「議会の在り方」の問題は永遠の課題であると言っても過言ではないと思われる。

（※）　この総務省の研究会は，2018（平成30）年３月に報告書をまとめた。「多数参画型議会」，「集中専門型議会」の提案など（終講第２節参照）。

　しかし，この問題に関してマスコミ等で報じられているように，「小規模町村の地方議員については兼業を前提とし，会議は出席しやすい夜間の開催を原則とするような改革も一つの方法だろう。¹」という意見には，一つの方法を示したものではあるが，筆者は賛成できない。

　それはたとえ小規模町村議会であろうとも，町村長等執行機関側を監視していくためには，兼業を前提とするのではなく，専業化して議会の役割をきちんと果たすべきではないかと考えるからである。昼間は別の仕事に従事し，議員は兼業して会議は出席しやすい夜間の開催であれば兼業でも可能であり，その役割を果たせるというほど地方議会議員の仕事は甘くはないと考えるからである。

　したがって，総務省の研究会が報告書を取りまとめ，選択制ではあるが各自治体が選択できる「多数参画型議会」には筆者は反対の立場である。この制度では，議会の存在が余りにも軽く扱われてはいないかと思われる。今後それぞれの自治体議会において，十分な議論が進むことを期待したい。

1　毎日新聞2017年５月21日

第2節　地方分権改革と自治体議会改革

(1)　地方分権改革の流れ

　地方分権改革は，1995（平成7）年に地方分権推進法が制定され，2000（平成12）年4月に地方分権一括法が施行されたのを画期とする第一次分権改革に具体的な政治課題として取り組まれたとする見方が一般的である。

　この時期の最大の成果は機関委任事務の廃止であり，国の関与の在り方を改革し，国と地方の関係を上下主従の関係から，対等なものへ置き換えようというものであった。こうした改革は，第2次の分権改革推進委員会に受け継がれ，自治体政策の自由度を拡大する試みとして，現在も改革が進められている[2]。

　その第2次勧告（2008年12月）でも，「地方分権の推進に伴う自己決定権と自己責任の拡大等に対応し，地方公共団体の意思決定，執行機関に対するチェック等において，地方議会の役割は，ますます大きくなると考えられる。」とされ，分権時代における議会の役割の重要性が強調されている。

(2)　総務省地方制度調査会

　総務省の第28次地方制度調査会における「地方の自主性・自律性の拡大及び地方議会のあり方に関する答申」（2005年12月）では，「自治体議会の政策形成機能と監視機能の充実が必要とされ，議会の権能を強化するための方策として，専門的知見の活用など長と議会のあり方が検討課題」として認識された。

　さらに，第29次地方制度調査会の「今後の基礎自治体及び監査・議会制度のあり方に関する答申」（2009年6月）でも，「政策立案や法制的な検討，調査等に優れた能力を有する事務局職員の育成や，議会図

書室における文献・資料の充実など議会の担う機能を補佐・支援するための体制の整備・強化が図られるべきである。」とされた。

　なお，第31次地方制度調査会の「人口減少社会に的確に対応する地方行政体制及びガバナンスのあり方に関する答申」（2016年3月）では，地方公共団体のガバナンスにおける適切な役割分担の観点から，議会は，内部統制体制や監査委員の監査等が十分に機能しているかどうかをチェックするとともに，政策の有効性やその是非についてのチェックを行う等，議会としての監視機能を適切に発揮すべきであるとした。

　そして，議会制度や議会運営の在り方について，議会活動に対する支援の充実としては，議会がその役割を十分に果たすことができるよう，議会活動に関する議員への研修の充実や，議会事務局職員の資質向上や議会図書室の機能向上が必要であるとする。また，意思決定過程への住民参加としては，公聴会，参考人，専門的事項に係る調査制度等の積極的活動を通じて議会への住民参加の充実を図り，多様な意見を議会における審議・議決に反映していくこと，さらに，住民への報告や住民との意見交換の実施等，議場外での住民参加の取組を進めるべきであるとしている。

第３節　自治体議会改革の意義と課題

(1) 議会の分類

　議会基本条例論の第一人者とされる神原勝・北海道大学名誉教授は，議会基本条例が登場してから10年以上が経過し，議会改革が進むにつれて議会間格差が見られるようになったとして，10年という時の流れの中で，改革の先頭を走る「先駆議会」，議会基本条例は制定してもなかなか実行が伴わない「居眠り議会」，旧態依然の「寝たきり議会」に三分化してきたとする。[3]

3　神原勝「自治体議会改革の到達点と課題」月刊ガバナンス2017年5月号・15頁

　また，佐藤淳・青森中央学院大学准教授は，全国の議会は大きく四つに分類されるとする。[4]うちは出来ている，議会改革なんて必要ないという「居眠り議会」。改革の必要性に気付き，「議会基本条例」を制定しようと動き出した「目覚めた議会」。議会基本条例を制定したことで満足し，議会改革は終わったつもりになっている「（改革）したふり議会」。そして，議会基本条例の実効性を高めるために，不断の努力をし，議案の修正，否決，政策提言の取りまとめ，議員提案条例制定など，議会の権限をフルに活用して，住民福祉の向上に寄与しようとしている「真の改革議会」の４種類であるという。

　この中で，議会基本条例を制定した議会が増えるに従い，危惧しているのが，「（改革）したふり議会」の増加だという。議会基本条例に，議会図書室の充実をうたっているにもかかわらず，図書室が物置状態になっている議会など，議会基本条例で規定されたあるべき議会の姿になっていない，そんな「（改革）したふり議会」が全国に増えているとしている。

　この２人の議会改革論者が，いみじくも同じ「居眠り議会」という用語を使いながら，その意味するところが若干異なっているのが興味深いが，筆者は，この二つの説をミックスしたらどうかと考える。

　つまり，①旧態依然のまま，議員も議会事務局も動こうともしない「寝たきり議会」（あるいは「冬眠議会」），②改革の必要性に気付き，議会基本条例を制定しようと議論を始めた「目覚めた議会」，③議会基本条例は制定したが，なかなか実践が伴わず，一休みしている「居眠り議会」，④議会改革の先進的な取組に意欲を見せ，議会基本条例の実効性を高め，絶えずレベルを上げようと模索している「真の改革（先駆）議会」という分類である。

4　佐藤淳「「対話」で創る議会からの「地方創生」」月刊ガバナンス2017年５月号・34頁

　そして，ここからが問題なのであるが，①の「寝たきり議会」あるいは「冬眠議会」の場合には，議員を叩き起こさないといけない，それが議会事務局職員の役目である。また，②「目覚めた議会」の場合には，議会事務局職員は，議員が議会基本条例を制定しようとするのを積極的にサポートしなければいけない。

　さらに，③「居眠り議会」の場合には，議会事務局職員は，議員と一緒に居眠りしているのではなく，議員に早く起きてもらうように飛び切りのネタを事務局から提案しないといけない。この「居眠り議会」における議会事務局の役割が，自治体議会改革では大きなウエイトを占めることを議会人は自覚すべきであると思う。

(2)　自治体議会改革の意義

　自治体議会改革の背景の一つとしてよく指摘されるのは，地方分権改革が進み，自治体の自己決定権の範囲が拡大されたことで，議会としても行政のチェック機能をより強化することが要請されるようになり，今までの議会の現状ではその役割を十分に発揮できないのではないかと考えられるようになった。議会改革は，こうした現状を打破し，議会の「復権」を目指す動きと捉えることもできる。議会の信頼を回復する動きとも言えるのではないか。

　具体的な方向性としては，議会からの積極的な情報発信（情報公開や情報提供），住民の議会への参画を図る「開かれた議会」，議会本来の機能を発揮する「審議の充実・活性化」等を目指すものと理解できる。

　自治体議会を取り巻く「改められるべき現状」とは何か？　また，自治体議会が目指すべきゴールとは何か？　議会を「改革」するとは，何を改革することなのか？

　もちろん自治体議会の多様性を踏まえれば，全ての議会に当てはまるような，議会活性化に向けた単純な解決策は存在しない。自治体の数だけ議会改革の処方箋があると言っても過言ではない。今後，全国

の自治体議会は，自らの特性に応じて，独自の議会改革の手法を模索していかなければならない。

(3)　自治体議会改革の課題

①　議会への住民参加

　自治体議会への住民参加については，地方自治法上，参考人や公聴会制度，請願者の意見陳述制度等が挙げられる。そして多くの議会では，その議会基本条例において，「参考人や公聴会制度の積極的な活用」や「請願・陳情を市民からの政策提案と受け止め」という文言が規定されているが，果たして本気でそう思っているであろうか？

　まず公聴会制度については，そもそも現実の定例会年4回制の下で，会期日数が100日にも達しないような短期間の議会日程では，公聴会を開催するのは困難であろうと思われる。公聴会を開催しようと思えば現実的には，例えば通年制議会を導入して十分な会期日数が必要なのである。

　また，請願・陳情については，タイムリーな政策提案と思われる案件について議会に請願が提出されたとしても，多くの議会ではその請願の内容を議会からの政策立案として首長に提言するといったシステムを採らない議会がほとんどではないかと思われる。

　さらに議会への住民参加については，議会基本条例等で議会報告会や住民との意見交換会等について規定している議会がある。議会報告会等については，もともと地方自治法上は規定されていなかったが，議会基本条例の登場によって多くの議会で採用されている。ただ，近年ではその議会報告会等も住民の参加者数は減少傾向であり，見直しが迫られているようである。

　しかし，住民の議会参加というテーマは，議会改革を論じる上では非常に重要な問題であり，住民の参加者数が減ったからといって議会報告会等をやめてしまうのではなくて，どうすれば住民の参加

を確保できるのか，積極的に住民参加を推進する方向でその在り方を考えるべきである。

② **議員間討議・自由討議と議会からの政策提案**

　自治体議会が議員提案の政策条例を策定することは，現状ではあまり多くなく，また，政策条例を提案することに消極的な議員も多いのが実情であろう。全国市議会議長会の調査資料によると，議員提案による新規の政策的条例の提出は，平成28年中では，106市149件であり，このうち，修正も含めて可決して成立したのは97件である。ほとんどの政策条例は首長提案であり，自治体議会の立法機能はあまり果たされていないと言える。

　この立法機能をはじめ議会の政策形成機能をさらに高めるためには，まず議員間で政策論議を行う必要がある。いわゆる議員間討議・自由討議は，議会の政策形成機能を高めるためには是非活用すべきであるが，残念ながらあまり活用されていない現状であり，今後の課題であろう。

　すでに制定した議会基本条例に，「政策討論会などを開催し，議員間討議や自由討議を行い，政策立案や政策提案を行う」と明記しながら実践されていない議会が多いのではないか？

③ **議会事務局改革**

　議会が立法機能などを十分発揮できないことなどにより，議会改革があまり進まないという場合には幾つかの原因が考えられるが，その一つには議会をサポートする議会事務局体制が十分ではないことが挙げられる。これは，法的には議会事務局職員の任免権は議長にあるが，現実には首長が議会事務局の人事権を掌握しており，肝心の議長や他の議会関係者もそれが当然のごとく考えている現況がある。

　また，議会事務局の職員数を見ても，多くの町村議会事務局の場合には2～3名であり，これでは議会が二元代表制の下，執行機関

に政策提案・政策提言するためのサポートをしていくためには絶対数が不足している。町村議会だけでなく比較的小規模な市議会においても同様であろう。この状態は、議会側から議会事務局改善の提案をしていかないと一向に改まらないのではないか？

　さらに町村議会においては、監査委員事務局職員との併任職員の場合も多いが、いわゆる執行機関側の職員との併任はやめるべきである。議会事務局職員は、やはり議会事務局の職務に専任すべきであろう。この点については、首長等は、議会事務局職員の職務について比較的軽く考えているようである。

　そして、議会事務局体制の充実強化については、議会基本条例で規定している議会がほとんどであるが、実際には規定してあるだけで実践されている議会は少ないのではないか？

　議会事務局の充実強化策については、まず議長がリーダーシップを発揮して、職員数の増強や非常勤職員の採用（専門的知見を有する者、退職者の再任用等）を首長に提言し、喫緊に事務局強化を図る必要がある。

　筆者は、かつて「議会改革は議会事務局改革が急務」であると指摘したように、議会改革は、議員だけではなく議会事務局職員も同じ考え方に立って議員と一緒になって取り組んでいかないと効果は上がらない。「議員が本気にならない以上、議会改革は難しい」としている議会事務局もあるが、まず、「議会事務局改革こそ急務である」として、議会事務局改革を積極的に断行すべきではないかと考えている。

④　住民（有権者）改革

　議会改革は、議員が本気にならない以上は難しいが、上記③ではそれ以上に議会事務局職員が議員と一緒になって取り組んでいく必

要があることを指摘した。では，議員と議会事務局職員だけで議会改革は進むかというと，それだけでは十分と言えないだろう。そもそも民意を自治体に反映してくれるものとの思いから議員として選挙で選んだ有権者の意識改革も，議会改革には重要な役割を発揮すると思われる。

　一般に，住民（有権者）は自治体議会に対しては首長以上には関心を示さないのが現状であろう。現実的には首長には執行権限があるので，議員と比較すると自分たちの生活とはより密接に関係しているように思える。そうなると畢竟議会議員のことは選挙の際には１票を投じるが，選挙が終わると次の選挙までは議会や議員のことは無関心で，いわゆる「議会任せ」，「議員任せ」になってしまっているのではないだろうか？

　自治体議会が活性化せずに何をやっているか分からないと批判する前に，議会議員を選出した住民である有権者自身が，議会がその役割をきちんと果たしていくように監視する必要があり，それが議会改革を進展させる重要な要素となることを，もう少し意識すべきではないかと思われる。

　議会改革の進展のためには議員や議会事務局職員の意識改革とともに，住民である有権者改革もまた重要な課題であることを議会関係者は深く認識すべきである。

コラム　議会は自治の問題①

〈議会改革とは何を改革することか〉

　このテーマは，巻末参考資料の自治日報記事⑨のタイトルにもあるが，2017（平成29）年10月21日に札幌市の北海学園大学で開催された「北海道自治体学土曜講座」のテーマでもあった。

　この根源的な問題の仕掛け人は，土曜講座の共同代表である森啓氏であるが，森啓氏の名は，自治体関係者にとっては30年以上も前に設

立された自治体学会の創設者として知られている。

　森啓氏によると，全国各地の議会改革の実態は，「議員だけの独り善がりの議会改革である」とか「議会の独自性を誇示することに力点がある議会改革である」と捉えられている。

　確かに昨今の議会改革の現場は，全国の地方議会では初めての取組であること等を競い合っている様相を呈しており，マスコミ関係者もその点だけを強調し，「議会改革とは何か」という本質的な問題を，あまり追求していないのではないかと筆者も感じている。「議会改革とは何を改革することか？」は，自治体議会関係者にとっては，常に問いかけていかなければならない課題である。

第Ⅱ講　二元代表制

本講のポイント

第1節　地方自治制度における「二元代表制」

1)　憲法第93条第2項は、議事機関である議会及び執行機関である知事・市長などが、住民による直接選挙を通して住民の意思を反映する仕組み——いわゆる二元代表制——を採ることを要求しているが、首長にかなり強い権限を認める一方で、議会の権限は限定的に列挙するやり方となっている。

2)　日本の地方自治制度は、首長に権限が集まる強首長制を採っている。しかし、議会にも大きな権限が与えられているが、十分にその権限を使い切っていないのが現状であり、議会にその責任があるとも言えるのではないか。

3)　「二元代表制」と「二元的代表制」の二つの用語は、憲法上は「二元代表制」が要請されているが、地方自治法上の制度は「二元的代表制」的な運用がされていると理解できる。

第2節　二元代表制をどう捉えるか？

1)　「二元代表制」をどう捉えるかは大きな問題であり、議会改革の在り方と深くつながっている。つまり、首長追認化を選ぶか、議会主導を実践するかである。

2)　議会として、「二元代表制」を実践していく上では、「戦略性」が重要なカギになる。

3)　三重県議会は、2005（平成17）年3月にいわゆる議会の政策サイクルを提案したが、知事から猛反対された。

4)　三重県議会の政策サイクルの提案は、学識者からは執行機関を拘束しすぎると批判され、又は最終的には首長提案が優越すべきものとされた。

第3節　二元代表制の実現に向けて

1)　日本の二元代表制は幻想だ，欠陥だとか言われるが，議会の議員と首長とを両方とも有権者が選べることは，むしろよく考えられた制度ではないか。

2)　議会が十分にその機能や役割を発揮していない場合には，二元代表制の実践に向けてできることから手を付けて力強く踏み出すべきである。議会改革とは，二元代表制の追求ではないか。

◇◇◇◇◇◇◇◇

第❶節　地方自治制度における「二元代表制」

　憲法とともに施行された地方自治法は，「地方自治の本旨」に沿う基本的な憲法附属法として制定されたものであり，地方自治制度の組織・運営の基本的枠組みはこれを基礎として形づくられてきた。

　周知のように，憲法の教科書では次のように記述されている。[1]

　「憲法第93条第2項は，地方公共団体の統治構造について，国のそれとは異なって，基本的に，議事機関である議会及び執行機関である知事・市長などが，住民の直接選挙を通して住民の意思を反映するしくみ——いわゆる二元代表制——をとることを要求している。

　もっとも，このような二元代表制をとっているにもかかわらず，地方自治体の長，つまり首長にかなり強い権限を認める一方で，議会の権限は限定的に列挙するやり方をとっている。このような地方自治法の基本的な構図は，今般の制度改革の中でもほとんど変わっていないことに注意する必要がある。」

　※　憲法第93条第2項

　　地方公共団体の長，その議会の議員及び法律の定めるその他の吏

1　大石眞『憲法講義Ⅰ　第3版』有斐閣

員は，その地方公共団体の住民が，直接これを選挙する。

図1　二元代表制と議院内閣制の比較

（三重県議会のHPから引用）

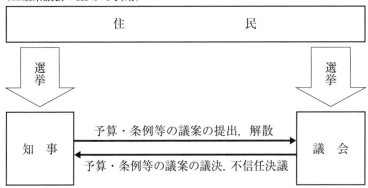

二元代表制（県議会を例とした自治体の仕組み）

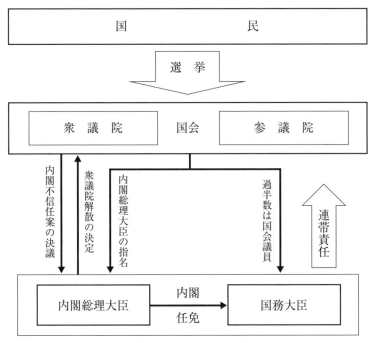

議院内閣制（国の仕組み）

　つまり，日本の地方自治制度は，地方自治法の施行当時（昭和22年）から首長に権限が集まる強首長制を採っている。現在の地方自治体では「二元代表制」が十分に機能していないと言われる理由の一つは，もともと首長に強い権限を集め，議会の権限を限定的に制御してきた結果であるとも言える。

　ただし，議会の権限が地方自治法において限定されてきたとは言いながら，その議会の権限のうち最も大きな権限である，条例の制定・改廃権と予算の決定権は，その自治体運営にとっては非常に大きな権限であり，ある意味議会には，とてつもない大きな権限が与えられているが，当該議会が十分にその権限を使い切っていないのが現状ではないかと考えられる。

　また現実には，予算決定権を持ちながら，予算編成権を持つ首長の追認機関化してしまった議会側にその責任があるとも言えるのではないか。

　なお，「二元代表制」と「二元的代表制」の二つの用語が存在して，両者が混同されて論者の好みで使い分けをされているような印象がある[2]。筆者の考えでは，先に述べたように，憲法上は「二元代表制」が要請されているが，憲法の規定を受けて制定された日本の地方自治法上の制度では，議会が首長を不信任議決したり，逆に不信任議決をされた首長は議会を解散したりすることができるように，大統領制にはない議院内閣制のような要素も取り入れているので，地方自治法上は「二元的代表制」的な制度として運用されていると言うことができると理解している。

第2節　二元代表制をどう捉えるか？

(1) 二元代表制の実態

　このような現実の「二元代表制」であるが，これをどう捉えるかは大きな問題であり，議会改革の在り方と深くつながっている。つまり，

2　今井照『地方自治法講義』ちくま新書・44～46頁・2017年参照

強首長制の現実に流されて次第に首長の追認機関化する道を選ぶ（知らない間に選んでしまっている）のか，それとも地方自治法は強首長制の様相を呈しているが，議会の最大の権限ともいえる条例制定・改廃権と予算決定権を有効に活用し，議会主導の文字どおり「二元代表制」を実践していく方策を探るかである。

　ある県で新しく選任された知事が，就任に当たって県議会で過半数を占める最大会派の控室に出向き，「議会と知事は車の両輪だからよろしく」と挨拶したら，その最大会派の代表は「全面的に知事を支援します」と返答したと地方紙の記事で紹介されていた。

　一般に議会と知事は，二元代表制の下では政策の是非をめぐり十分な議論が必要であると思われるが，知事選挙で当該知事を県議会会派として支持した経緯があるのかどうかは分からないが，新しく就任した知事が具体的な政策を示す前から「知事を全面的に支援します」では何のための「二元代表制」なのか？

　筆者は，この問題を考える上では，議会側にとっては何らかの「戦略」が必要であると考えている。議会として，いかに戦略を持って議会運営を図っていくか？　「二元代表制」を実践していく上では，この「戦略性」が重要なカギになると思われる。

　現行の自治体議会では，「二元代表制の実践」は難しいと言われているが，筆者は，この「二元代表制」をどう捉えるかは，今後の議会改革を考えていく上でも最重要課題であると考えている。

(2)　二元代表制における新しい政策サイクル

　2005（平成17）年３月に三重県議会が公表した「二元代表制における議会の在り方検討会」最終報告書では，中長期的な視点に立った新しいシステムの構築（政策サイクル）を提案した（図２参照）。

図2　中長期的な視点に立った新しいシステムの構築（政策サイクル）

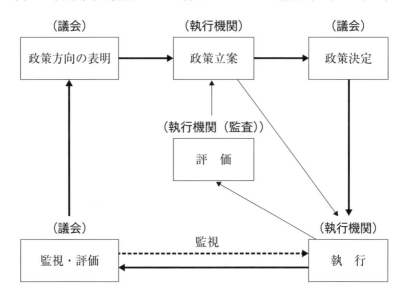

※　執行機関限りの「政策立案（Plan）──執行（Do）──評価（See）」
サイクルと，もう一つ別次元のサイクルとして，「議会による政策方向
の表明（Plan）→政策決定（Decide）→執行の監視・評価（Do──See）
→次の政策方向の表明（Plan）」があるとした。

　執行機関の政策立案がなされる前に，議会が「政策方向の表明」に
よって意思表示をし，政策立案が議会の表明した意思に合致するとき，
「政策決定」を議決として行い，その執行を議会が「監視・評価」して
次なる「政策方向の表明」へとつなげる。執行機関は，別途内部評価を
行い，政策立案に反映させるという考え方である。

　「政策方向の表明」の具体的な方法としては，議員提出条例の提案，意
見書，議決，知事への提言などが想定される。

　この提案は，いわゆる議会の政策サイクルの提案であり，執行機関
限りのPlan──Do──Seeサイクルとは別次元のサイクルとして，「議
会による政策方向の表明（Plan）→政策決定（Decide）→執行の監
視・評価（Do─See）」を提言した。

　これは，執行機関の政策が立案される前に，議会が「政策方向の表

明」によって意思表示し，政策立案が議会の表明した意思に合致する
とき「政策決定」を議決として行い，その執行を議会が「監視・評
価」して次なる「政策方向の表明」へとつなげていくものである。

　三重県議会が，この提案を含む最終報告書を公表したら，すぐさま
三重県知事から「議会の政策立案・政策提言は地方自治法上想定され
ておらず，議会の政策方向の表明はごく限られた場合だけであって，
通常政策立案は知事に任せてほしい。」と猛反対された。そして，「議
会の政策方向の表明などは問題外である」との認識が示されたが，こ
れこそ「二元代表制」を全く理解しない考え方であると思われる。

　これに対して，山梨学院大学の江藤俊昭教授は，「議会が執行機関
に対して網をかぶせて，その評価を行うという「新しい政策サイク
ル」という視点を導入することが重要である。いわば議会主導の政策
サイクルである。ただし，議会主導の政策サイクルには執行機関を拘
束し過ぎるという批判もある[3]」との見解だった。

　また，名古屋大学の後房雄教授からは，「執行機関のマネジメン
ト・サイクルに取り込まれてしまうか，執行機関のマネジメント・サ
イクルの完成度の高まりによって議会の存在意義が失われるかだとい
う三重県議会の現状認識や危機感は，現在の地方議会が直面する根本
問題を端的に表現するものと言える。三重県議会の検討報告書の現状
はきわめて興味深い。」と評価いただいた。

　ただし，後教授の論文は[4]，「ここで提起されている「議会による政
策表明」は，議会がPlan——Do——SeeのSeeの部分の主導権を取ろ
うとする注目すべき構想であるが，それが二元代表制のもとで現実性
を持ち得るかどうかについては根本的な疑問がある。」として，「現状
では，予算編成・提案権があるのは首長だけであり，企画立案のため

3　江藤俊昭『協働型議会の構想』信山社・41頁参照
4　後房雄（2007年）「ローカル・マニフェストと二元代表制——自治体再生の胎
　動と制度の矛盾」名古屋大学法政論集217号

の大きな職員集団が首長の指揮下にある以上，最終的には首長提案が優越すべきものと考えるしかないと思われる。」と結論付けている。

また，後教授は，二元代表制の原理的矛盾と原理的解決策として，「議会一元制を少なくとも選択肢の一つとして認めるような制度改革を行うこと」を提案されているが，自治体議会の二元代表制は，まだまだ実践途上であり，多くの自治体議会では，現行二元代表制の追求が実践されていないことが重要な問題であると思われる。

なお，この三重県議会の政策提案・政策提言については，当時総務省から出向人事で来ていた三重県副知事が，「三重県議会の議会改革に関する事柄の中で，この検討会の政策提言が一番印象に残っている。議会のまとまった意思として提案される内容は，会派を超えての議論の結果であるだけに重い。」との実感を語っている[5]ことが象徴的である。

第3節　二元代表制の実現に向けて

日本の識者の中には，「二元代表制は幻想だ」とか「二元代表制は欠陥だ」として，二元代表制を否定し，日本の自治制度は必ずしも全て画一的に二元代表制を採らずに，自治体によっては議員から首長を選ぶような制度があってもいいのではないか，という主張もある。

確かに制度論としては検討すべき論点を含んでおり，大いに議論されることは賛成だが，筆者は，まず日本の「二元代表制」は欠陥だとは思えず，議会の議員と首長とを両方とも有権者が選べることは，むしろよく考えられた制度ではないかと考えている。

そうであるならば，議会が十分にその機能や役割が発揮されていないような現実に直面した場合には，それは「二元代表制」に欠陥があるか

5　望月達史・総務省自治行政局長「地方議会をめぐって」月刊「地方自治」2013年1月号巻頭論文

ら駄目だとは考えずに，どうすれば「二元代表制」が機能するような自治体社会になるのか，その方策を議会関係者だけでなく，執行機関側関係者や二元の2つを共に選挙で選んでいる有権者も含めて，二元代表制の実現に向けて考えていく必要があるのではないかと考えている。

　まずは議会が，議員が，二元代表制の実践に向けて，できることから手を付けながら力強く踏み出すことであろうと思われる。筆者の少ない経験によれば，「議会改革とは，二元代表制の追求ではないか」との思いが強いのである。言い換えれば，「二元代表制の実質化に向けて進むべきではないか」と考えている。

コラム　議会は自治の問題②

〈二元代表制における議会の在り方とは？〉

　第Ⅱ講第2節では「二元代表制をどう捉えるか？」を取り上げているが，このテーマは，筆者にとっては2002（平成14）年に初めて三重県議会事務局に政策法務監として着任して以来の課題となっている。当時は政務調査費が法定化された時期であり，議会基本条例も存在せず，「二元代表制」という用語も一般的でもなかったが，筆者には，「二元代表制における議会の在り方はいかに？」の思いは人一倍強くあり，おそらく自治体議会事務局関係者の中でも「二元代表制の追求」に最も関わっていたのではないかと思っている。

　二元代表制を追求していく上では，地方自治法上では首長に強大な権限が集中して首長優位になっている現況では，議会が議会改革に取り組み，真の二元代表制の実現を求めるならば，「錐刀ヲ持ッテ泰山ヲ堕ツ」の精神で，小さな力しか持たない者が強大な権力を持つ者に立ち向かう際の心構えが肝要であると考えてきたのであるが，この精神は今でも通用するものと考えている。

第Ⅲ講　議会基本条例

本講のポイント

第1節　議会基本条例の意義

1)　議会基本条例は，自治体の意思決定における議会の役割を，自治のルールとして議会・執行機関・住民の三者が共有するもの。制定しただけでは意味がなく，制定してからが議会改革のスタートであり，制定後に様々な改革や実践を行って初めて制定の意義がある。

2)　地方自治法は，議会の政策形成や政策立案に関しては規定がなく，また，議会への住民参加についても十分ではないので，二元代表制を実践していく上で，実際に議会を活性化させるための事項を定める必要性の面からも議会基本条例制定の意義はある。

3)　議会基本条例制定に当たっては，①抽象的ではなく制定後の実践につながる規定，②議会の政策形成機能の強化を図る，③議員相互の討論を通じて多面的な検討を行う体制，④住民や外部有識者等の意見を吸収し，開かれた議会の実践等が重要な点である。

第2節　議会基本条例の制定状況

1)　議会基本条例の制定状況は，都道府県31，政令市16，特別区2，市461，町村287の計797自治体となっている（2017年4月1日現在）。

2)　2006（平成18）年に初めて制定されてから10年ほどで全自治体数の半数近くまできたことになるが，今後は恐らく増加の可能性は低いと思われる。

3)　議会基本条例を制定することが議会改革かというわけでもないが，制定することが一つのステータスだと考えれば，議会改

革の進行度合いと比較して考えると興味深い。

第3節　議会基本条例の規定内容とその論点

1) 「二元代表制」という用語は，2006（平成18）年に三重県議会が初めて議会基本条例にて規定したが，まだ法令用語として成熟しているわけでもない。

2) 議会基本条例が誕生してから10年以上がたつが，そろそろ抜本的見直し，全面改正が必要な時期に来ており，その際には，是非，「二元代表制」の用語は，きちんと定義規定を置いて使用すべきである。

3) 議会基本条例には，最高規範性を規定した条例と最高規範性を規定していない条例があるが，「最高規範性」を付与することで，法的には何が付与されるのか？

4) 多くの議会基本条例では，「公聴会及び参考人制度を活用し」と規定しているが，公聴会制度はほとんど活用されていないので，通年制議会の導入を図り活用すべきである。

5) 住民から請願及び陳情として政策提案を受けたら，議会としてはこれを政策に立案する役割を担うべきである。

6) 最近の議会基本条例には，議会報告会の名称に変えて住民との意見交換会という名称が目立ってきたが，要は，議会としていかに成果が出るか，工夫次第である。

7) 議会基本条例で議会の組織自律権に基づいて，政策討論会などの組織の設置が目立ってきたが，いかに成果のある政策が立案されるか，実践が重要である。

8) 議会基本条例により附属機関や調査機関が設置できるようになったが，附属機関は条例により，調査機関は議決により設置されている議会が多い。

9) 地方自治法第100条の2の規定により，専門的知見の活用ができるようになったが，大学との連携など更に柔軟に議会基本条例で規定することも可能である。

10) 「議決責任」という用語は，議員にとっては極めて重要であ

り，議会基本条例では不可欠な用語であると言える。

11）議会の議決権は，議事機関である議会の基本的・本質的な権能であるが，今後，議会改革が進むにつれてより一層議決事件が拡大していくものと思われる。

12）反問権に対して，最近では反論権が議会基本条例で規定されているが，これは議員提案条例などに対して採決する前に首長に反論する機会を与える場合が多いが，望ましい議会運営ではないかと考えられる。

13）議会基本条例の見直し・評価については，評価に当たって住民意見の聴取も規定されており，議会としての自己評価の他に第三者機関の評価も行っている議会もある。

第4節　議会基本条例の今後の課題

1）議会基本条例が自治体議会に登場して10年以上が経過するが，真の「二元代表制」を目指した実践的な議会改革が多くの議会で進展することを期待したい。

2）初期の議会基本条例の規定にかかわらず，政務活動費に対する議会事務局の対応など，新しい議会の役割を盛り込んだ内容の議会基本条例が要請されている。

第1節　議会基本条例の意義

議会基本条例は，自治体の意思決定における議会の役割を，自治のルールとして議会・執行機関・住民の三者が共有するものであると言える。

また，議会基本条例は，制定しただけでは意味がなく，制定してからが議会改革のスタートであり，条例制定後に様々な改革や実践を行って初めて議会基本条例制定の意義があると言える。

　議会基本条例の制定については，一部に制定する必要はないと主張する議員がいて，その声が強いのでいまだ議会としてはまとまらずに制定されていない議会もあるようだ。確かに議会に関しては，既に地方自治法や会議規則等で必要なことは規定されているが，地方自治法は，議会の政策形成や政策立案に関しては規定されておらず，また，議会への住民参加についても十分ではない。

　したがって，二元代表制を実践していく上で，実際に議会を活性化させるための事項を定める必要性の面からも，議会基本条例制定の意義はあると言える。

　なお，現在制定されている議会基本条例については，①理念型，②基本事項型，③改革推進型，④総合型に分けることができる。このうち，④の総合型条例には，議会運営の原則，議員活動の原則，議会の情報公開・説明責任，議会に対する住民参加，議会と執行機関の関係，議会の組織と審議，議員の政治倫理・研修，議会事務局の役割などの事項を定めることが考えられる。

　議会基本条例制定に当たっては，ⅰ）抽象的な規定で満足せず制定後の実践につながる規定にすること，ⅱ）議会の政策形成機能の強化を図る内容にすること，ⅲ）議員相互の討論を通じて多面的な検討を行う体制をつくること，ⅳ）住民や外部有識者等の意見を吸収し，開かれた議会を実践することが重要であるとする[1]。

　筆者は，上記の四つの議会基本条例の分類のうち，④の総合型条例よりも，③の改革推進型の条例に重きを置いている。なぜなら，改革の推進状況に応じてその規定の内容をレベルアップしていくことができ，終わりなき議会改革の司令塔ともなるからである。事実，全国の自治体議会に先行した北海道栗山町議会基本条例や三重県議会基本条例も，この③改革推進型に入ると考えられる。

1　磯崎初仁『自治体政策法務講義』第一法規参照

第2節 議会基本条例の制定状況

(1) 議会基本条例の制定数

　議会基本条例の制定状況については，自治体議会フォーラムの調べでは，2017年4月1日現在，全国自治体の合計では，797自治体（44.6％）で制定されている。

　内訳を見ると，都道府県31（66.0％），政令市16（80.0％），特別区2（8.7％），市461（59.8％），町村287（31.0％）となっている。

　また，2006（平成18）年の栗山町議会の基本条例を嚆矢とするならば，10年ほど経て全自治体の半数近くまできたことになる。

　年別制定数を見ると，2006年は3，2007年は9，2008年は19と微増し，2009年から2013年までは，53，79，101，114，159と年々大きく増加したが，2013年をピークとして，2014年以降は2016年まで，120，78，44と減少してきている。今後は恐らく2017年以降も増加の可能性は低いと思われる。

(2) 都道府県別の制定状況

　都道府県別の制定数を見ると，もともとの市町村の数の多少があるものの，北海道38，長野県35，愛知県35，兵庫県36，福岡県31，鹿児島県34が多くの自治体で制定されており，逆に少ない方では，富山県5，石川県9，山梨県9，和歌山県3，山口県8，徳島県4が目立っている。

　このうち，都道府県議会と都道府県庁所在地市議会が，両方とも未制定な，秋田県議会・秋田市議会，富山県議会・富山市議会，和歌山県議会・和歌山市議会，福岡県議会・福岡市議会，熊本県議会・熊本市議会は気になるところである。東京都議会・新宿区議会も同様に考えてもいいだろう（富山県議会は2018年3月に制定した。）。

　議会基本条例を制定することが議会改革かというわけでもないが，制定することが一つのステータスだと考えれば，議会改革の進行度合

いと比較して考えてみても興味深いと思われる。

　なお，議会基本条例の制定に関しては，先行したいわゆる自治基本条例と呼ばれる基本条例が制定されている自治体議会にあっては，特に議会基本条例は必要としないという考え方も見受けられる。ただ，自治基本条例と議会基本条例は，それぞれ役割を異にすると考えられるから，自治基本条例があれば議会基本条例は不要であるとも言いきれないと思われる。要は，何のために議会基本条例を制定するか，議会としてどう考えるかが問われなければならない。

第❸節　議会基本条例の規定内容とその論点

(1)　二元代表制

　議会基本条例が自治体議会に登場した2006（平成18）年当時は，「二元代表制」という用語は，法律用語や条例用語にもなることもなく，一部の議会関係者の間で聞かれる用語であった。

　しかしながら，議会改革を進めていく上ではこの用語を議会基本条例に規定することは大きな意義があるとして，三重県議会は同年，都道府県議会では最初に議会基本条例を制定した際に，この「二元代表制」という用語を条例上初めて用いたという経緯がある。[2]

　この「二元代表制」という用語は，三重県議会が初めて条例で規定して以来10年以上が経過し，その間多くの自治体議会の議会基本条例で条例用語として使用されているが，まだまだ法令用語として成熟しているわけではないので議会基本条例で使用する場合には，条例中で定義するのも一方策である。

　なお，現行議会基本条例では，三重県議会基本条例がその前文で，「住民が自治体の長及び議会の議員を直接選挙するという二元代表制の下，三重県民の代表として選ばれている議員と知事は，それぞれが

2　高沖秀宣『「二元代表制」に惹かれて』公人の友社・10〜13頁参照

県民の負託にこたえる責務を負っている」と規定している。

　他の自治体の議会基本条例は，定義規定も置かずに使用している条例もあれば三重県議会と同様の規定をしている条例もあるが，議会基本条例が誕生し議会改革がスタートしてから10年間で一定の進捗を見せている現況の中，筆者は，そろそろ議会基本条例も抜本的見直し，全面改正が必要な時期にきていると考えている。議会基本条例を先行した北海道栗山町議会や三重県議会は率先して全面改正して新たな体系を全国に示すべきであろう。その際には，是非，この「二元代表制」という用語は，きちんと定義規定を置いて使用すべきではないかと考えている。今後の議会の政策法務の進展に期待したい。

(2)　最高規範性

　議会基本条例の最高規範性については，神原勝『自治・議会基本条例論』（公人の友社）では次のように説明されている。

　「日常的な議会運営を最重要視して制定される議会基本条例ですから，これに最高規範性を与えるのは当然だとして，この最高規範性には二つの意味があり，自治基本条例の場合と同じように，第一は，議会の運営に関してはこの条例に違反する他の条例，規則を制定してはならないこと（最高条例性）であり，第二は，議会に関する日本国憲法や国の法律等はこの基本条例にもとづいて各自治体が独自に解釈・運用するということ（最高基準性）です。」

　そして，「分権改革によって，国と自治体の関係が『上下・主従』から『対等・協力』に変化した。その論理は当然，法律と条例の関係においても妥当し，条例や法律の解釈や運用を調節するそれぞれの側からの対等な法務が必要であり，議会基本条例とその最高規範性は，そうした自治体法務の先端的な姿を示すもの」としている。

　ただし，この神原説に対しては，「最高規範性を規定した基本条例と言うならば，議会だけで制定するのではなくて住民投票で賛成を得なければならない。基本条例は代表権限の行使に枠を定める最高規範

条例であるから，制定当事者は有権者市民でなくてはならない。首長
と議会は基本条例を順守する立場である」とする有力な反対説がある。[3]
　この重要な論点に関しては，筆者が指摘したように，議会基本条例[4]
論者の間ではあまり議論されておらず，議会の政策法務論的にも進捗
は見られないようである。

　この「最高規範性」の概念については，先行する栗山町議会基本条
例が神原説をそのまま引用したものと思われるが，三重県議会基本条
例では，「議会に関する基本的事項を定める条例である」として，最
高規範性を採っていない。議会基本条例と他の議会関係条例との間の
法的効力に優劣はないとの基本的立場に立っている。

　この先行する二つの議会基本条例に続いて，多くの自治体議会で議
会基本条例が制定されているが，最高規範性を規定する条例とそうで
ない条例とで二分されているようだ。あるいは，「基本的事項を定め
る最高規範」とする議会基本条例も見受けられる。筆者は，議会基本
条例において「最高規範性」を付与することで，法的には何が付与さ
れるのか，議会基本条例に最高規範性の概念が必要かどうかについて
は，否定的に考えている。

　また，この最高規範性の問題を意識してか最近の議会基本条例には，
（実質的最高規範性）の見出しで規定された条文もあるようだ。ただ，
筆者としては，この場合においても文言的には最高規範性を規定した
としても，実質的には最高規範とはならないと考えるため，あえて規
定するならば，（実質的基本規範性）とでもすべきではないかと考える。

(3)　住民参加

①　公聴会及び参考人

　地方自治法第115条の2の規定では，第1項で「議会は，会議に

3　森啓・川村喜芳『自治体理論の実践』公人の友社・42頁参照
4　髙沖秀宣『「二元代表制」に惹かれて』公人の友社・68頁参照

おいて，予算その他重要な議案，請願等について公聴会を開き，真に利害関係を有する者又は学識経験を有する者等から意見を聴くことができる。」とし，その第2項で，「議会は，会議において，事務に関する調査又は審査のため必要があると認めるときは，参考人の出頭を求め，その意見を聴くことができる。」としている。

　つまり，公聴会は，「重要案件の審査を周到に行うため」，また，参考人の制度は，「委員会の審議の充実を図るため」に，いずれも審議に資するため民意を聴取する方法として設けられている。そして，この地方自治法の規定を受けて，多くの議会基本条例では，「公聴会及び参考人の制度を積極的に活用し」と規定して審議の充実を図ろうとしている。

　しかしながら，実際の議会活動においては，参考人制度の活用はそうでもないが，公聴会制度は，ほとんどの議会で活用されていないのが現状である。せっかく地方自治法で住民等から「その意見を聴くことができる。」とされているならば，これを活用すべきである。ただし，筆者も三重県議会事務局時代に2回ほど公聴会を経験したことがあるが，それはいわゆる通年制議会になってからのことであり，多くの自治体議会で採用されている現行の定例会年4回制の会期であれば，会期日数が限られているので公聴会を開催する日程上の余裕がないと思われる。この現状を打開するためにも，通年制議会の導入検討が必要ではないかと思われる。

② **請願・陳情**

　多くの議会基本条例では，「請願及び陳情は，住民による政策提案と位置づけ」ているが，実際にはこれら提案者の意見を聴いているだけで終わってしまっている議会が多いのではないかと思われる。問題は，提案者の意見を聴いてからである。提案者の意見を聴いて，政策提案であれば，それをそのまま請願として採択して首長に送付してしまっては議会の立場がない。

　議会としては，住民から請願及び陳情として政策提案を受けたら，これを政策に立案する役割を担うべきである。例えば，環境政策の面でこれこれに関する条例を制定してほしい旨の請願を受理したとして採択した上で執行機関に送付するだけでなく，議会でその請願の趣旨を生かして，必要と思われる政策条例の議員提案を考えるべきであろう。まさに住民の意思である民意を議員提出の政策条例にして執行機関に執行させるべきであろう。住民による政策提案と位置付ける意味はそこにあると考えるべきである。

③　議会報告会・住民との意見交換会

　議会報告会は，栗山町議会が議会基本条例で規定してから全国の多くの自治体議会が採用したが，実施してみれば参加者数の減少や行き詰まりなど低調な実施結果もあり曲がり角に来ている。そろそろ名称や形態を変更すべきであろう。

　そこで最近の議会基本条例では，「議会報告会」の名称に変えて，「住民との意見交換会」という名称が目立つようになってきた。また，議会基本条例上の規定では議会報告会としながら，実際の運用上は，例えば，鳥羽市議会では「ＴＯＢＡミライトーク」，久慈市議会では「ギカイと語ろう“しゃべり場”」として，より住民が参加しやすいようにしている。要は，議会としていかに成果が出るか，工夫次第であると思われる。

(4)　政策審議（検討）組織

　議会が監視機能と同様に政策提案機能を担うとすれば，何らかの政策検討組織が必要となってくる。従来の地方自治法や会議規則の体系では，この政策提案機能を担う組織の設置は想定外であるので，議会基本条例で議会の組織自律権に基づいて何らかの組織を設置している議会が目立ってきた。例えば，政策討論会，政策調査会，政策研究会等である。今後は，議会基本条例に設置することを規定しただけでなく，このような組織において，いかに成果のある政策が立案されるか

だろう。まさに実践が重要である。

⑸　**附属機関・調査機関**

　附属機関については，2006（平成18）年に制定された三重県議会基本条例で初めて「議会は，附属機関を設置することができる」と規定し，三重県議会議会改革諮問会議設置条例が制定されて設置されたが，以後，幾つかの議会で議会基本条例に規定されるようになった。三重県議会以外でも，例えば，所沢市議会では，所沢市議会議員定数の在り方に関する審議会や政策研究審議会などの附属機関を設置している。

　また，松江市議会や東広島市議会基本条例などでも附属機関が設置できると規定はされているが，今のところ設置された例は確認されていない議会もあるようだ。せっかく議会基本条例に規定があれば，それが実践で活用されるような議会改革が望ましい。

　なお，議会の附属機関については，執行機関とは異なり，今のところ地方自治法には明文で設置できるとの根拠規定はないが，その法的性格を考える場合には，執行機関のそれと同様のものと位置付けておけばいいのではないかと考える[5]。

　また，調査機関については，附属機関よりも多くの議会基本条例に規定されるようになった。この用語が議会基本条例に登場したのは，附属機関と同様に三重県議会基本条例が最初である。三重県議会基本条例では，附属機関は全くの外部有識者・民間人等からなる第三者機関であり，これに対して，調査機関は議案等の審査・調査に関して学識経験者や議員等をも含む内部的な機関との位置付けであり，また，附属機関は個別条例により，調査機関は議決により設置できるとしていたが，特に明確な定義規定はないようだ。

　その後，幾つかの議会において調査機関の設置が規定されているが，

5　西田幸介「地方議会の附属機関と自治組織権」議会改革白書2016年版・生活社参照

附属機関設置の規定よりもかなり多くの議会で規定されている。これは三重県議会の例で言えば，条例設置よりも議決により設置できることから比較的設置しやすいことと，後述するように地方自治法の改正により，専門的知見の活用が法制度化されて調査機関もその一環として考えることが可能であり，法制度が整備されたことにもよると考えられる。

(6)　**専門的知見の活用**

　議会において専門的な知見を要すると考えられる場合の制度としては，公聴会や参考人制度（地方自治法第115条の２など）があるが，これらの制度は，意見を聴取することができるにとどまり，議会が必要とする専門的な知見を得ることができるような調査・研究を求めて報告を受けるといったものではない。

　また，議会の意を受けた執行機関がその附属機関や第三者に調査・審議又は調査・研究をさせ，議会にその結果を説明することはあろうが，制度的には，それはあくまで執行機関の執行の一環として位置付けられるものである。

　したがって，2006（平成18）年の地方自治法の一部改正では，第100条の２の条文（専門的事項に係る調査）が新たに追加され，議会の活動として，議案の審査及び当該地方公共団体の事務の調査に関し専門的な知見の活用が必要となった場合に，議会が学識経験者等に専門的事項に係る調査をさせることができるとされたところである。

　ただし，同条による調査では，議案の審査又は当該地方公共団体の事務に関する調査が議会において行われていることが前提となっているようであるが，議会におけるいわゆる「専門的知見の活用」については，事例に応じてもっと柔軟に議会基本条例で規定することも可能である。例えば，同条が改正された2006（平成18）年５月に公表され

6　松本英昭『逐条地方自治法第８次改訂版』学陽書房・391頁

た三重県議会基本条例（素案）では，第13条の（調査機関の設置）で，「学識経験を有する者等で構成する調査機関を設置できる」とし，「必要があると認めるときは，調査機関に，議員を構成員として加えることができる」として，専門知見の活用については，かなり柔軟に意欲的に規定している。

また，最近の専門的知見の活用事例では，大学との連携の推進について規定されている条例（流山市議会など）が目につくが，今後ますます増えてくるものと思われる。

(7) **議会権限**

① **議決責任**

議員にとっては議決責任という用語は，極めて重要な用語であるが，この用語が議会基本条例に初めて登場した（平成20年）のが会津若松市議会基本条例であり，その立法趣旨は，議決責任を議会が自らに課して，その遂行を内外に宣言することにあるが，一方で議決責任を正面から規定し，法的責任を追及することは現行制度上困難と考えられる。そこで議決に係る説明責任遂行を要請することで，間接的に政治的・道義的な議決責任を規定しようという立法を試みたところであるとしている。

現在では幾つかの議会基本条例でこの用語が規定されているが，三重県議会基本条例でも2012（平成24）年に初めて改正された際に，この「議決責任」の用語を追加修正している。議会基本条例を制定する場合には，不可欠な用語であると思われる。

② **議決事件の追加**

議会の議決権は，議事機関である議会の基本的・本質的な権能であり，その議決の対象となる議決事件については，地方自治法第96条第1項で列挙されている。これらは，一般に，自治体としての意

7　会津若松市議会編『議会からの政策形成』ぎょうせい・174頁

思の決定に関する議決とされ，「必要的議決事件」とされているものである。さらに，同条第2項では，各自治体の実情に応じて，条例で任意に議決事件を追加することができることとされており，これは「任意的議決事件」と呼ばれている。

　もっとも以前は，この任意的議決事件の対象からは法定受託事務が一律に除外されていたが，自治体の事務であるにもかかわらず，議会の議決事件として一律に追加を認めないとすることは，分権の進展に伴い，自治体が自らの判断で処理する事務が拡大していく中で，必ずしも妥当ではないと言えることから，2011（平成23）年の地方自治法の改正により，原則として議会の議決事件とすることができるようになった。

　議会の任意的議決事件の追加については，近年，例えば一定の基本的な計画を議決事件として追加する条例の制定など，積極的な取組が見られるようになってきた。また，総合計画などの基本計画以外にも多くの自治体議会が議会基本条例で規定している議決事件としては，災害復興計画，国土利用計画，教育基本計画などが一般的であるが，例えば2017（平成29）年に京都市会基本条例においては，いわゆるネーミングライツ，つまり通称を命名する権利の付与の対象とする施設を定めることも追加する議決事件とされたことは注目に値する。今後，議会改革が進むにつれてより一層議決事件が拡大していくものと思われる。

(8)　議会力と議員力

　「議会力」と「議員力」という用語は，筆者は，松阪市議会基本条例で初めて使用されたと認識しているが，同条例の逐条解説では，以下のように規定されている。

　「議員力」とは，市民の立場から様々な問題点や課題を捉え，それらを解決するために備えておくべき議員としての能力，すなわち，審議能力，監視能力，政策形成能力，政策立案能力などをいう。

　「議会力」とは，二元代表制の一翼を担う議会として，市民の負託と信頼に応えていくために備えておくべき機能，すなわち，意思決定機関としての機能並びに執行機関に対する監視機能，政策形成機能，政策立案機能など，原則的かつ総合的機能をいう。

　なお，松阪市議会は基本条例で明確に「議会力」という用語が規定されているが，他の議会でも例えば，堺市議会では「議会力向上会議」，千葉市議会では「議会向上会議」というように，議会基本条例に基づいて「議会」力の向上を目指した取組が幾つか見られる。

(9)　**反問権と反論権**

①　反問権については，2006（平成18）年に制定された北海道栗山町議会基本条例が嚆矢とされるが，質疑応答に終始する従来の地方議会の在り方に一石を投じる試みと評価されて，後に制定された他の議会基本条例にも導入されている。

　しかしながら，反問権に対しては，質問の趣旨等が分かり難いときは，確認の意味で反対に問うことは当たり前ではないか，条例で規定すべきことなのか，規定するならば，議会基本条例よりもむしろ会議規則で規定する方がより適切ではないかと筆者は考えている。[8]

②　**反論権**

　反問権に対して，最近では反論権が次第に主張されている。筆者の知る限り，北海道の鹿追町議会基本条例に「反論権」が登場したのが，2010（平成22）年であった。

　その鹿追町議会基本条例第7条では，見出しで（政策提案に対する反論）を規定している。この規定によれば，町長等執行機関又は議会等が行う提案において，町政の重要課題について理解困難な場合等に，町長等又は議員は「反論」することができるとしている。この場合，鹿追町議会の運営に関する基準で，反論は議長及び委員

8　髙沖秀宜『「二元代表制」に惹かれて』公人の友社・62頁～参照

長の采配により，質疑が終わり「反論」の求めがあった場合，議長
又は委員長がその可否の判断を行い，必要と認めた場合には「討
議」として許可をし，反論の機会を与えるものである。

　鹿追町議会に続いて，松阪市議会でも議会基本条例第10条に（反
問権及び反論権）を規定した。同条例では，市長等に議員の提案説
明等が終了した後に，反論する機会を与えるものである。

　このことから分かるように，先行する鹿追町議会では，町長等執
行機関及び議会等が行う政策提案について「反論権」を認めるが，
松阪市議会では，反論するのは市長等執行機関に限っている点が異
なる。

　この2議会に続いて，北海道芽室町議会，彦根市議会，橋本市議
会，板橋区議会，筑西市議会，岩手県岩泉町議会で「反論権」の規
定が見受けられるが，いずれも松阪市議会と同様に，首長等執行機
関に反論権を認めるものである。その意味においては，先駆の鹿追
町議会の反論権は異色のものと言える。さらに，「反論権」という
ものの，橋本市議会基本条例では，「釈明発問の機会」と規定され
ており，その枠組みを盛り込んでいるものもある。

　筆者の経験では，二元代表制においては，特に議会からの予算修
正案や政策的な議員提出条例案の場合に，首長が本会議の場で反論
権を行使して反対意見を述べた後，議会が議決権を行使する方が首
長再議の場合も想定するとより望ましい議会運営ではないかと考え
ている。

　実際の反論権の行使事例としては，先駆の鹿追町議会では事例が
報告されていないようだが，松阪市議会においては，補正予算の修
正案や負担金条例の一部改正条例修正案の議決前に市長が反論権を
行使した事例があり，補正予算の修正案では可決となり，一部改正
条例の修正案は否決で原案可決となった経緯がある。反論権の行使
については，2012（平成24）年の松阪市議会での例が最初の行使で

あるとされる。

　また，芽室町議会でも，補正予算審議（修正案）に対して，町長が反論権を行使した事例が報告されている[9]。

(10)　**評価・見直し**

①　**議会改革推進組織**

　議会基本条例に議会改革推進組織を設置することを規定することは，議会基本条例を制定後，本格的な議会改革に取り組んでいく上で不可欠であるとして，三重県議会では議会基本条例制定前から宮城県議会と同時期に設置していた「議会改革推進会議」を，そのまま議会基本条例に継承して初めて規定したところである。

　また，既に先行して議会基本条例を制定していた北海道栗山町議会基本条例でも，２年後に一部修正して議会改革推進会議の設置を追加規定したところである。

　全国的にも，議会改革の重要性に鑑み，何らかの議会改革推進組織の設置を盛り込む議会も増えてきた。その場合には，栗山町議会は一部の議員による構成であるが，三重県議会は全議員が構成員となっている。議会改革は全会一致で取り組む必要があることから，全議員が構成員となることが望ましいと言える。

②　**基本条例評価・見直し**

　議会基本条例の評価・見直しについては，組織の改革を進める手段として，中核となる推進組織の設置，推進計画の策定，そして点検・評価の実施とその公開が代表的なものとして挙げられる。

　最近では，点検・評価の実施では，ほとんど全ての議会基本条例に何らかの形での評価・見直し条項が規定されている。その中では，評価に当たっての住民意見の聴取の義務化も盛り込まれている（岐阜県白川村議会基本条例）。

③　第三者機関の設置

　　北海道旭川市議会では，議会基本条例に対する議会の自己評価の検証を第三者機関に委ねている。議会基本条例（第19条）で議会運営の評価及び検証を規定し，まず議会として自己評価を行い，それを素材として地元大学の教授等有識者からなる外部評価委員によりヒアリング等も実施した外部評価が行われ，その結果を公表している。

⑾　**執行機関との協議の場**

　　三重県議会が都道府県議会初の議会基本条例の策定を進めていた2006（平成18）年11月１日に主催した「地方議会フォーラム2006」において，基調講演をされた大森彌東京大学名誉教授から「従来にも増して議会が政策形成機能を強めていき，予算を伴うような事柄で政策決定する場合には，どこかで事前に知事等執行機関と協議の場を設けるような仕組みを設けるべきではないか」との指摘があった。

　　当時この問題については，三重県議会の議会基本条例検討会の中でも協議したが，結局「二元代表制の下では，できるだけ本会議等の公開の場で議論していくことが議会としての本来的役割であることから，事前協議が必要な場合は具体的な案件が生じた場合のみ原則公開で協議していく」こととし，議会基本条例への条文化は見送った経緯がある。以来10年以上が経過するが，議会基本条例に規定すべきかどうかは引き続き検討課題である。

⑿　**議会ＢＣＰ**

　　阪神・淡路大震災，東日本大震災と続いた大規模（地震）災害を受けて，最近では防災・減災にもっと積極的に取り組み，ふだんからしっかり議論し対策を考える必要が認識されるようになり，議会基本条例に事業継続計画，業務継続計画，いわゆるＢＣＰ（Business Continuity Plan）が規定されるようになった。災害時の議会の危機管理体制を考えておくことは極めて重要なことであり，今後ますます

このＢＣＰを規定する議会が増加していくものと思われる。

第**4**節　議会基本条例の今後の課題

(1)　議会基本条例10年

　2016（平成28）年は議会基本条例が自治体議会に登場して以来ちょうど10年になる節目の年であった。それを記念して同年１月には大阪市において，「三大議会事務局研究会合同シンポジウム[10]」が開催されるなど，改めて議会基本条例の意義や議会改革の課題が検証される機会が多くなってきた。

　現在では，議会基本条例の制定は，全自治体議会の半数程度にはなってきているが，果たして議会基本条例は，制定された各自治体議会において実践されているであろうか？

　確かにこの10年の間に議会基本条例に規定された「二元代表制」の意識は全国の自治体議会関係者の間に広まった感はあるが，まだまだ十分とは言えないというのが多くの議会関係者の意見であろう。今後は，真の「二元代表制」を目指した実践的な議会改革が多くの議会で進展することを期待したい。

(2)　初期の議会基本条例は全面改正を

　議会基本条例の規定内容については，第３節にて詳述したが，議会基本条例の今後の課題としては，この10年間の議会改革の進展を受けて，初期の議会基本条例の規定に多く見られるような，例えば議会報告会や反問権等の規定などは，もう一度見直す必要があるだろう。

　またこの10年間で政務調査費から政務活動費に地方自治法が改正されたり，通年式会期も選択できるようになった。そして，その改正に応じて議会事務局の役割も変化してきた。特に，政務活動費に関して

は，議長に使途の透明性の確保も求められるようになり，議会事務局の対応もこれまでと同様ではその役割が果たせなくなってきた。

　そうであるならば，今この時期に，いつまでも10年前に登場した初期の議会基本条例の規定にこだわることなく，新しい議会の役割を盛り込んだ議会基本条例が要請される。先陣を切った栗山町議会基本条例や三重県議会基本条例は，是非全面改正を行い，新しい議会改革の時代に対応すべきであると思われる。

⑶　自治基本条例への昇華

　議会基本条例の今後の課題として，当然議会基本条例のバージョンアップが議論となる。この問題に関して山梨学院大学の江藤俊昭教授は，一つは，自治基本条例と議会基本条例の関係を再考すること，もう一つは，自治体運営，そして議会運営の方向だけではなく，まずもって組織に関する条文を挿入することを考えたいと述べている[11]。

　一つ目の自治基本条例と議会基本条例の関係についてであるが，自治基本条例に「住民自治の根幹」としての議会に関する規定を多く挿入すること，したがって議会基本条例は大きくその性格を変える必要があるとしている。

コラム　議会は自治の問題③

〈議会基本条例は最高規範か？〉

　議会基本条例だけでなく自治基本条例にも，〈最高規範性〉について規定された条例がある。議会基本条例に関しては，栗山町議会基本条例が最初に規定したが，その後制定した議会はそれに倣ったところもあろう。議会改革が先行していると言われる北海道の栗山町や芽室町では，いずれも議会基本条例と自治基本条例の両方に〈最高規範性〉が規定されているが，基本条例に〈最高規範性〉と規定すれば，

11　江藤俊昭「再考・議会基本条例〈後編〉」月刊「地方自治みえ」2014年 8 月22日・三重県地方自治研究センター

〈最高規範性〉は生じるのだろうか？　それを意識してか最近では，〈実質的最高規範性〉と規定する議会も現れた。果たして議会基本条例は，本当に最高規範なのか？　議会基本条例を制定する前に，いや制定してからも，議会での十分な議論が必要である。

第Ⅳ講　戦略的な議会運営

本講のポイント

第1節　通年制議会

1) 議会の役割の一つに首長等執行機関の監視役があるが，執行機関が年中事業執行しているから，議会の会期も通年制として監視役に徹するべきではないか。

2) 議会基本条例を制定し，それに基づき議会主導の自治体運営を行っていくためには，「戦略的な議会運営」を考えると「通年会期制」は至極当然のことと考えられる。

3) 通年制議会は，執行機関側からの反対も予想され，会期日数の増加は，議会事務局職員の負担増にもつながる。

4) 通年会期制を導入しているのは，3県，27市，45町村程度で，余り導入が進んでいない。

5) 地方自治法上は訴えの提起の場合には議会の議決が必要であるが，「議会を招集する時間的余裕があった」にもかかわらず，長が専決処分を行った事例もあることから，首長の暴挙を許さないためにも通年制議会の導入を考えるべきである。

6) 会期が通年化すると，委員会等での審議時間が十分確保できるので審議の質の向上が期待でき，政策提言など行政監視機能や政策提案機能の拡大につながり，公聴会の活用ができて議会への住民参加が進む可能性が高まる。

第2節　予算・決算審議

1) 予算案は一つの議案であるので，分割付託せずに予算常任委員会を設置して全議員が審議し，同時に決算委員会での審議の結果を翌年の当初予算に反映すべきである。

2) 予算の審議においても，参考人や公聴会制度を戦略として活用し，住民意見を反映すべきである。

第3節　議員間討議・自由討議

1) 議員間討議・自由討議の意義は，議会としての合意形成を図るところにあり，積極的に政策立案・政策提言を行ってこそ議会の役割が果たせる。

2) 議員間（自由）討議の実施状況は，市議会レベルではわずか3分の1程度であり，本会議での実施は少なく，大半が委員会での実施であるが，戦略的な議会運営を行うためには，是非とも活用すべきである。

第4節　参考人・公聴会制度

1) 参考人・公聴会制度は，いずれも審議に資するため民意を聴取する方法として設けられているが，意見を聴取するだけでなく，今後はより積極的に住民に発言させる仕組みも活用すべきである。

2) 積極的に住民が発言できる具体的な仕組みとして，名古屋市議会での「市民3分間議会演説制度」，栃木県大田原市議会の「市民5分間演説」，愛知県蟹江町議会の「町民議会演説制度」等がある。

第5節　専門的知見の活用

1) 議会の立法機能や政策法務機能を発揮するための戦略として，地方自治法第100条の2に規定されている外部専門的知見の活用を考えるべきである。

2) 専門的知見の活用の仕方について，委託契約を結ぶ場合には，契約の当事者の一方は首長（執行機関）ではなく，議会（議長）とすべきであるが，議会費の予算執行権が議会にないことが根本課題であり，体系的な法的整備が期待される。

3) 地方自治法第100条の2を直接の根拠とはしていないが，議会の政策形成機能の強化のために，第三者機関である「附属機関」や専門的知見の活用としての「調査機関」の設置例もあり，

今後更に活用を図る議会が増えていくものと思われる。

第6節　請願・陳情の政策的活用

1)　議会基本条例では,「請願・陳情を住民による政策提案と位置付ける」と規定した議会が多いが, その提案を「政策提言にして執行機関に提言」している議会は少ない。

2)　一般に, 議会基本条例により,「請願・陳情」を「政策提案」として議会が受けて, その提案を議会が「政策討論会」等で議員間討議をして, その結果,「政策提言」を議決により行うことが「議会の政策形成過程」の一つと言えるが, 余り活用されていない。

第1節　通年制議会

(1)　通年会期制

議会が議会としての権限を行使し, 法的に活動することのできる期間を会期という。従来の制度は, 定例会及び臨時会としていたが, 2012（平成24）年の地方自治法改正により, 条例で定める日から翌年の当該日の前日までを会期とする, いわゆる通年の会期を選択することが可能となった（地方自治法第102条の2第1項）。

また, この地方自治法改正以前でも, 定例会の回数を年1回と条例で定めて, その会期をおおむね1年間とする柔軟な議会運営も行われていた。

筆者は, 議会の役割の一つに首長等執行機関の監視があるとすれば, 首長等執行機関が一年中事業執行しているのであれば, 監視役の議会も年間を通じて監視役に徹するべきで, 議会の都合で休会中とか閉会中としていていいのかという根源的疑問を持っていた。もちろんこの

（三重県議会の通年会期制への移行について，同議会HPから引用）

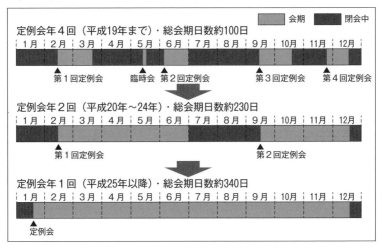

※　議員の任期満了による一般選挙が行われる年においては定例会の
招集回数が年2回となる。

ような疑問は監視される執行機関側からは発することはないと思われ
るが，議会の方も従来の考え方を踏襲し，年4回程度の定例会を開催
し，必要に応じて臨時会を首長に招集してもらえればいいのだと考え
ていたのではないかと思われる。

　ただし，議会基本条例を制定し，それに基づいて言わば議会主導の
自治体運営を行っていくためには，議事機関として議会が十分な審議
時間を確保する状況になってきたのは至極当然のことであり，そのた
め「戦略的な議会運営」を考えると，いわゆる「通年会期制」の議会
運営は至極当然のことと受け止められるようになってきた。

　一般に，定例会・臨時会の制度とは別に通年の会期の制度が設けら
れている趣旨は，幅広い層の住民が議員として議会に参画できるよう
にする，議会の審議を充実・活性化するといった観点から，集中的に
審議を行う定例会・臨時会ではなく，会期を1年を通したものとし，
定期的かつ予見可能性をもって会議を開く議会運営を選択できるよう
にするものである。戦略的な議会運営を考えるならば，通年制議会は

当然その視野に入ってくるものと思われる。

　また，通年議会制になると，年中本会議が開かれ，議会活動に拘束されるのではないかという誤解を持つ議員がいるようである。しかし，通年制を導入しているほとんどの議会は，本会議を定例で開く月を定めており，それ以外の期間では必要に応じて本会議を開く仕組みを採っている。このため，通年制を採用した場合には，首長の議会招集権を形骸化させ，専決処分を極力少なくさせることになるので，議会活動の活性化の新たな転機となるだけでなく，議会の主導性を高めることに大きく寄与できる。

　ただし，実際に実施されている通年制議会の中には，例えば通年の会期を，4月半ばから翌年の3月下旬までとして，3月末の地方税条例の一部改正条例案を議会で審議せずに首長専決処分としている議会も見受けられる。首長の専決処分を極力少なくさせることが通年制議会のメリットの一つであるとすれば，例年年度末に地方税法が改正され，それに伴う地方税条例の一部改正条例も，当然議会で審議すべきではないかと思われる。確かに3月下旬を会期に含むと，年度末の多忙期ということもあって議員だけでなく執行機関の職員にも嫌がられるが，通年制議会の本筋から考えると3月下旬も会期に含まないとその意義は薄れてしまうのではないかと思われる。

　なお，通年議会制は，執行機関側の答弁等の準備など事務的負担が増えることにつながるため，執行機関側からの徹底した反対意見も予想でき，また，会期日数の増加は，議会事務局の負担増にもつながるため，議会及び議員をサポートする議会事務局への配慮も必要である。

　現在，都道府県議会において通年制議会としているのは，平成29年度では栃木県，三重県，滋賀県の3県議会で，秋田県議会では年2会期制，大阪府議会・群馬県議会では年3会期制を採用している。ただし，同じ通年制議会ではあるが，例えば，栃木県議会は4月1日から翌年の3月31日まで，三重県議会は1月中旬から12月下旬まで，滋賀

県議会は4月下旬から翌年3月下旬までを会期としている。滋賀県議会の場合には，3月末の地方税条例の一部改正は専決処分でもやむなしとの考えであると思われるが，先に述べた首長の専決処分を極力少なくさせることが通年議会制度のメリットの一つであるとすれば，3月末も含めた会期の設定が望ましいと思われる。

また，2016（平成28）年末現在，通年会期制を採用している市は，全814市のうち29議会のわずか3.6％である[1]。このうち，その根拠条文として，地方自治法第102条の2第1項の通年会期を採用しているのが8市，同法第102条第2項の定例会を条例で年1回と定めているのが21市となっている。

一方，町村議会においては，計50町村で会期の通年制を採用しており[2]，同法第102条の2の通年の会期制が21町村，同法第102条第2項の通年議会が29町村となっている。

(2) 専決処分をなくすために

地方自治法は第96条第1項第12号で，訴えの提起については，議会は議決しなければならないと定めている。控訴する場合もこれに含まれる。一方，同法第179条は，長の専決処分を定めている。「特に緊急を要するため議会を招集する時間的余裕がないことが明らかであると認めるとき」は，長が議会の議決すべき事件を処分できることになっている。

この「議会を招集する時間的余裕があった」にもかかわらず，長が専決処分を行ったと思われる最近の事例がある[3]。自治の根幹を揺るがす事態であると言われた。

それは，2011（平成23）年東日本大震災の津波で死亡・行方不明に

1　平成29年度「市議会の活動に関する実態調査結果」（全国市議会議長会）参照
2　「第63回町村議会実態調査結果の概要」平成30年2月参照
3　2016年11月6日河北新報社社説「大川小訴訟の控訴／「代表機関」の看板が泣く」

なった石巻市大川小の児童23人の遺族が起こした訴訟で，仙台地裁の判決を不服とする市と宮城県が，相次いで控訴を決めた事件である。この案件で，石巻市長から控訴の是非を委ねられた市議会は多数決で早々に可決したが，宮城県に至っては，議会を招集せず知事は独断で控訴を決めてしまった。しかし，控訴期限までの残余日数や，県と立場を同じくする市が議会を招集したことを踏まえれば，時間的余裕がなかったとは言い難い。例外的であるべき専決処分を安易に行使する傾向が，首長側にあるとすれば問題である。

　また，専決処分されて宮城県議会は知事に抗議したのであろうか？

　このような専決処分という首長の暴挙を許さないためにも，筆者は通年制議会制度というものを議会は本気になって考えてみるべきであると思う。

　ただし，専決処分をあえて認めている議会もある。それは，通年制議会制度を採用しても，例えば，4月中旬から翌年度の3月下旬までを会期として，3月末に見込まれる地方税条例の一部改正条例の議会審議を行わず，もとより専決処分としている議会もあるようだ。専決処分を含めて，議会の在り方をどのように考えるかだろう。

(3)　**審議時間の確保**

　会期が通年化すると，審議時間に余裕が出るので，例えば常任委員会の活動については，審議に必要とされる調査等を十分に行うことができるので，委員会審議の質の向上が期待できるとともに，議会や委員会からの政策提言など行政監視機能や政策提案機能の拡大につながる。

　さらに，会期が長くなることによって，開催することが困難とされていた公聴会の活用が増え，住民の意見を集約する機会が増え，議会への住民参画が進む可能性が高まる。

　ただし，通年制議会となって審議時間が長くなると，現行の議員報酬では割に合わなくなる場合もある。この場合には，審議時間を長く

することと併せて議員報酬の増額の件も視野に入れる必要がある。

第2節　予算・決算審議

　予算に対する議会の議決権は，議会の監視機能を発揮していく上でも極めて重要な権限である。この場合において，当初予算の審議に際して各常任委員会に分割付託している議会も多いが，予算議案は一つの議案であるので，議案不可分の原則により分割付託せずに，例えば，予算決算常任委員会を設置し，部門別常任委員会はその分科会として詳細に審議し，本委員会では全議員が予算議案全体の審議に関与すること，同時に，決算委員会での審議の結果を翌年の当初予算に反映できるような議会運営の在り方を検討すべきである。

　一般に現状では，多くの自治体議会では予算審議にかける討議時間が少なく，通年議会制度の運用も考慮しながら，十分な審議時間を確保するような戦略的議会運営を工夫すべきである。

　三重県議会では，平成10年度に都道府県議会では初めて，予算と決算を総合的に審査・調査する予算決算特別委員会を設置し，平成16年度には，予算と決算の一体的な審査・調査による議会機能の強化を図るため，従来からの常任委員会への分割付託から当委員会への一括付託とし，定数を議長を除く全議員とするなどの抜本的改革を行った。そして，平成18年度から予算決算常任委員会としているが，政令市など比較的大規模な自治体議会においても，予算委員会を設置せずに予算を各常任委員会に分割付託して審議している議会も見受けられる。

　当初予算については，執行機関側の予算編成が始まる前や予算要求の段階から，予算調製方針，予算要求状況などの調査を行い，意見・提言等を行うとともに，決算審査だけでなく，前年度の政策評価に関与し，翌年度の行政運営方針につなげる活動を行うべきである。

　また，予算の審議においても，参考人や公聴会制度の運用も図るべきであり，住民にとって最も影響のある予算の審議に，どうやって住民意

見を反映するか考えるべきである。

　なお，三重県議会では，近年予算決算委員会に参考人を招致しており，当該自治体議会にとって最優先すべき案件としての翌年度の当初予算を審議する場合に，議会議員と執行機関側職員だけで議論し質疑応答するだけでなく，第三者を参考人として招致して審議するための参考としている。

　このように，予算決算の審議に参考人を戦略として活用すべきであり，場合によっては，公聴会制度の活用も検討すべきである。

第3節　議員間討議・自由討議

　議会基本条例において，例えば都道府県議会レベルでは初めて制定した三重県議会基本条例では，会派の存在は前提としつつも，議員同士の自由討議を重視している。

　ただし，大規模議会の中には，会派がある以上は会派拘束があり，本会議や委員会等における議員間討議や自由討議は無意味だとしている議会もあるが，やはり議員間討議・自由討議の意義は，議会としての合意形成を図るところにあり，そして積極的に政策立案・政策提言を行ってこそ議会の役割が果たせると考えるべきである。

　※　三重県議会基本条例

　　（議員間討議）

　第15条　議員は，議会の権能を発揮するため，常任委員会，議会運営委員会及び特別委員会並びに第13条及び第14条の規定により設置される調査機関及び検討会等において，積極的に議員相互間の討議に努めるものとする。

　2　議員は，議員間における討議を通じて合意形成を図り，政策立案，政策提言等を積極的に行うものとする。

　議員間（自由）討議については，全国市議会議長会の実態調査結果資

料（平成28年12月末）によると，全市（814市）のうち，471市（57.9％）
で条例等で規定していて，そのうち議会基本条例で規定しているのは
417市（88.5％）で，残りは会議規則や要綱等で規定している。

　また，議員間（自由）討議の実施状況は，281市（34.5％）であり，
わずか３分の１程度である。また，本会議での実施は13市（4.6％）と
少なく，委員会での実施が245市（87.2％）と大半を占めている。

　議員間討議・自由討議は，先に記述したように，議会として合意形成
を図った上で，積極的に政策立案や政策提言するために活用すべきであ
るが，現状では余り活用されているとは言い難い。戦略的な議会運営を
行うためには，是非とも活用すべきである。

第4節　参考人・公聴会制度

　参考人制度は，委員会の審議の充実を図るため利害関係人，学識経験
者等の出頭を求め，意見を聴取するものであるとされ，公聴会について
は，重要案件の審査を周到に行うため，「真に利害関係を有する者又は
学識経験者等」から意見を聴くために開催されるものとされており，い
ずれも審議に資するため民意を聴取する方法として設けられている。

　ただし，公聴会や参考人制度は，意見を聴取することができるにとど
まるが，例えば，名古屋市議会の「市民３分間議会演説制度」，栃木県
大田原市議会の常任委員会における「市民５分間演説」，愛知県蟹江町
議会の「町民議会演説制度」など，今後はより積極的に住民に発言させ
る仕組みも活用すべきである。

　具体的には，名古屋市議会では，市民が議会で発言する機会を確保す
ることにより，市民の議会への関心を高め，市民により身近で開かれた
議会の実現に努めることを目的として，要綱により「市民３分間議会演
説制度」を実施している。実施場所は，各委員会室で各定例会に１回，
発言者数は各委員会室の定員７名，発言時間は一人３分以内で，発言へ
の対応としては，質疑応答は行わずに演説の記録等は作成しないことと

している。

　また，大田原市議会の「市民５分間演説」は，議会基本条例（第17条第３項）の規定に基づき，要綱により名古屋市議会と同様の趣旨で，市議会定例会の各委員会の開会前において，市民が５分間の演説ができるとしている。

　なお，愛知県蟹江町議会の議会基本条例第４条第２項で，「町民議会演説制度」が規定されているが，平成29年度末まででは，まだ実施されていないようである。

　さらに，長崎県小値賀町議会では，「模擬公聴会」制度が実施されている。これは，一般質問の際に，意見のある住民に対して意見を求めるもので，住民の議会での発言を認める制度である。

第⑤節　専門的知見の活用

　議会が立法機能や政策形成機能を発揮するためには，議会事務局は，執行機関に比べてそもそも職員数が十分ではなく，議会の立法機能を補佐すべき法制担当職員が議会事務局に専任している状況は，いわゆる小規模議会ではまれである。

　したがって，議会の立法機能や政策法務機能を発揮するための戦略として，地方自治法第100条の２に規定されているような外部専門的知見の活用を考えるべきである。

　全国市議会議長会の実態調査結果報告（平成29年10月）によると，2016（平成28）年中において専門的知見の活用事例は，わずかに14市14件のみしか報告されていないが，もっと積極的に戦略として活用すべきである。

　具体的な専門的知見の活用事例では，議会基本条例の策定や検証・見直しに関して学識者に指導助言を求めたもの，定数問題・政務活動費・政治倫理条例等に関して学識者に指導助言を求めたものが大半であった。なお，この14件中委託契約有りが５件，委託契約無しが９件あった。

活用の仕方については，委託契約有りのうち，契約の当事者の一方が
議長としているケースが1件あった。筆者は，契約の当事者は，議決後
契約するのであれば法的には議会の意思であるので，議会（議長）が当
事者となるべきだと考えている。議会費の支出については首長（会計管
理者）権限であるので，首長名で委託契約を結ぶ例もあるが，委託内容
について受託者が首長に対して契約責任を果たす義務を負うのは不自然
ではないかとの考えである。この点については，議会費の予算執行権が
議会にないことが根本的問題であると考えている。体系的な法的整備を
期待したい。

　また，地方自治法第100条の2を直接の根拠とはしていないが，三重
県議会では，議会基本条例（第25条第2項）に「議会は，専門的な知識
経験等を有する者を任期を定めて議会事務局職員として採用する等議会
事務局体制の充実を図ることができる。」として，専門的知見者を採用
するみちを開いている。

　これを規定した当時（平成18年12月）は，法科大学院や公共政策大学
院の修了者等を採用できないか考えていた。その後，三重県議会は，平
成21年度から公共政策大学院生を対象としたインターンシップ制度を実
施し，県議会の政策立案の充実に資する取組をしている。

　参考までに，東京都議会では弁護士を非常勤職員として採用し，また，
流山市議会では，併任ではあるが弁護士を議会事務局職員として配置し，
議会事務局の法制機能の向上を図っている。

　さらに，議会の政策形成機能の強化のために，第三者機関である「附
属機関」や専門的知見の活用としての「調査機関」の設置例もある。

　具体的には，三重県議会は，2008（平成20）年9月に議会基本条例
（第13条）に基づく調査機関「財政問題調査会」を，2009（平成21）年
3月に同条例（第12条）に基づく附属機関「議会改革諮問会議」を設置

4　山口県周南市議会の委託契約（請書）

し，外部有識者等の専門的知見の活用を図っている。

　議会基本条例に先行して規定した三重県議会以外でも，所沢市議会では議会基本条例（第24条）に基づく附属機関「議員定数のあり方に関する審議会」や「政策審議会」を設置し，松阪市議会では議会基本条例（第16条）に基づく調査機関「議員定数のあり方調査会」を設置し，専門的知見の活用を図っている。今後さらに活用を図る議会が増えていくものと思われる。

第6節　請願・陳情の政策的活用

　請願・陳情については，先行した北海道栗山町の議会基本条例（第4条第4項）で「議会は，請願及び陳情を町民による政策提案と位置づけるとともに，その審議においては，これら提案者の意見を聴く機会を設けなければならない。」と規定したこともあってか，その後に続いた自治体の議会基本条例では，「請願及び陳情を県（市・町）民による政策提案と位置づける」と規定した議会が多くなった。

　しかしながら，議会基本条例で「政策提案」として議会で受けても，その提案を「政策提言」にして執行機関に提言している議会は少ないのではないか。

　一般に，議会基本条例により，「請願・陳情」を「政策提案」として議会が受けて，その提案を議会が「政策討論会」等で議員間討議をして，その結果，「政策提言」を議決により行うことが「議会の政策形成過程」の一つと言えるが，あまり活用されていないのではないかと思われる。

　例えば，筆者が経験した三重県津市議会の例では，市民から「ペット霊園の規制に関する条例の制定」を求める請願がある年の9月議会に提出された。津市議会の付託された常任委員会では，請願提案者の趣旨説明の機会もなく審査の結果，採択として本会議で議決後，市長部局に送付された。送付を受けた市長部局では，その後の調査により規制する条例を制定する状況ではないと判断したが，12月議会では何も経過を説明

しなかったので，翌年の３月議会で当該常任委員会が請願採択後の経過報告を求めたら，「規制条例は制定する状況にない」との回答だった。

　ここで当該議会の対応であるが，せっかく条例制定を求める請願が提出されたならば，その請願を採択後そのまま執行機関に送付せずに，請願内容が条例制定ならば，その議会で協議し，条例案を作成して議会に提案するか，又は条例の骨子案等を策定し，骨子案を付けて執行機関に送付するなど，請願の提案を政策に仕上げる努力をすべきだったと思われる。

　実際，その後この請願は，採択・送付されたが，市長側では何もなされずに終わってしまって残念な請願処理結果だったと言える。議会としては，請願・陳情の政策的活用を考えるべきであると思われる。

コラム　議会は自治の問題④

〈通年制議会と通任期制議会〉

　通年制議会には，定例会を年１回として会期日数を長期（１年）にわたって議会運営を行う方法と，毎年条例で定める日から翌年の当該日の前日までとされた通年式の会期の場合が実施されているが，さらに単年度の議会活動だけでなく議員任期の４年間を見通した通任期制議会も提案されている。

　ただ，議員からは，通年制議会では定例会の節目がなくなることで緊張感がなくなるという理由で通年制議会の導入に消極的な議会もあるが，現時点の通年制議会では，従来の定例会月に集中的に審議していて，機動力や監視力をアップさせた議会は，むしろ執行機関との緊張感を増している。

　そう考えると，議会が恒常的に議会主導の政策提案型議会を目指そうとすれば，従来の定例会の会期の再検討に当然進むであろう。その新しい戦略的な議会運営の試みとして，通年制議会は高く評価されるのである。

第Ⅴ講　議会力の強化

本講のポイント

第1節　議長のリーダーシップ

1)　地方自治法では議長権限として，議会事務局職員の任免権を規定（第138条第5項）しているが，余り行使されていないようであり，また，首長等もこの規定を知らないか，無視している場合もある。議長が「議会事務局職員の任免権は議長にある」という議長の法的権限を，議長のリーダーシップとして示すべきである。

2)　議長の任期は，法的には首長と同じく4年であるが，都道府県議会では1年が多数，市議会では2年が過半数，町村議会では4年が5割を超えている。都道府県議会では1年で交代する議長が大半であるため，議長のリーダーシップが発揮されることもなく，議会改革が市議会等に比して遅れている一因になっているのではないか。

3)　議長のリーダーシップは，議会改革には，また，議会力の強化には不可欠なものであることに異論はない。

第2節　政策立案機能の強化

1)　議会の政策立案機能の強化策としては，政策審議機関の設置，議決事件の追加，補佐機構（附属機関・調査機関など）の充実，議会による研修の充実などが考えられる。

2)　政策審議機関としては，議会基本条例で「政策審議」，「政策討論会」，「政策研究会」等として規定されていて，議員間討議・自由討議等を経て政策立案・政策提言等につなげていく議会内部の組織がある。

3)　自治体議会の議決事件については，地方自治法（第96条第2項）の規定に基づき議会基本条例で規定する議会も多いが，政

策立案と結び付く議会の議決権限をどんどん増やしていけば，一定の政策立案の強化になるものと思われる。

4) 地方自治法に定めのない独自の機関として，議会に附属機関を設置することは，地方公共団体の自治組織権を根拠として差し支えなく，むしろ独自の組織論が必要である。

5) 議会の附属機関としては，三重県議会の「議会改革諮問会議」，所沢市議会の「政策研究審議会」などがある。

第3節 議員立法の現況と課題

1) 自治体議会の議員立法による条例数は，まだまだ少なく，更なる議員立法の活性化が求められている。

2) 議員提案政策条例が低調な理由は，①議員の意識の問題，②議員の政策立案能力の欠如，③住民が議員に期待しているニーズの問題，④議会の総与党化の進展による議会審議の形骸化が挙げられるが，議員の政策条例に対する意識の問題が最大の課題である。

3) 二元代表制の下では，議員がいかに与党意識を克服し，首長に対するいい意味での対抗心をいかに醸成できるかが，議員立法の鍵を握っている。

4) 議員提案政策条例に関しては，議員の立法機能を支える議会事務局の政策法務機能の強化が，特に小規模自治体議会にあっては重要な課題となっている。

第4節 後方支援機能の充実

1) 自治体議会の立法機能の強化のためには，議会事務局の充実など後方から支援する体制整備が最も重要であり，首長管理下の議会事務局の人事を議会人事とすることが第一歩である。

2) 議会基本条例において，議会事務局職員の人事に関して，議長から市長に出向要請をし，市長は，要請を受けたときは，誠実に応じなければならないと規定している条例もあり，注目に値する。

　3)　後方支援機能の充実のためには，議会事務局長を特別職とすることや，自治体議会に独自のシンクタンクを持つことも提案されている。

第❶節　議長のリーダーシップ

　地方自治法では，「普通地方公共団体の議会の議長は，議場の秩序を保持し，議事を整理し，議会の事務を統理し，議会を代表する。」（同法第104条）として議長の議事整理権・議会代表権を規定している。この規定は，議長の職務権限に関する規定であるが，これ以外にも「委員会に出席し，発言することができる。」（同法第105条）など，幾つか権能が認められている。

　これらの規定以外にも，議長権限ではあるが，案外議長が重要視していない権限もある。それは，議会事務局職員の任免権である。同法第138条第5項では，「事務局長，書記長，書記その他の職員は，議長がこれを任免する。」と規定されているが，多くの場合，議長はこの権限を行使していないようであり，そのような規定があることも知らない議長もいる。それどころか，首長や執行機関の人事担当者の中にも，この規定を知らないか，無視している首長等もいるから驚きである。ここは，当該議長がはっきりと「議会事務局職員の任免権は議長にある」という法的権限を議長のリーダーシップとして示すべきであろう。

　また，「議長及び副議長の任期は，議員の任期による」（同法第103条第2項）と規定されていて首長と同じく4年間であるが，議長及び副議長を1年交代にしている議会が都道府県議会に多い。全国の市議会では，議長任期が2年の議会が半数を超えているが，町村議会では，任期4年が5割を超え，任期2年も4割強である。したがって，都道府県議会で

は，1年で交代する議長が大半であるため，議長のリーダーシップが発揮されることもなく，議会改革が市議会等に比べて遅れている一因になっているのではないかと思われる。

なお，都道府県議会でも議長の立候補制と所信表明の制度化がされているところもあるが，三重県議会では，2009（平成21）年5月の議長選挙の際に三谷哲央議員が「議長マニフェスト」を提出しようとしたが，結局は提出されずに口頭で項目のみの表明にとどまった。[1]ただし，議長当選後，代表者会議に提出され，「議会改革試案」として認められ，議長が具体化することとなった経緯がある。当時筆者も議会事務局に在職していて，三谷議長の議長マニフェストには感服し，議長のリーダーシップがいかんなく発揮されると思ったが，残念ながら多くの議員には時期尚早と捉えられたのであろうと思われる。

いずれにしても，議長マニフェストにかかわらず，議長のリーダーシップは，議会改革には，また，議会力の強化には，不可欠なものであることには異論はない。

第2節　政策立案機能の強化

議会の政策立案機能の強化策としては，政策審議機関の設置，議決事件の追加，補佐機構（附属機関・調査機関など）の充実，議会による研修の充実などが考えられる。

(1) 政策審議機関

現行の議会基本条例では，「政策審議会」，「政策討論会」，「政策研究会」等の設置を規定している議会がある。例えば，伊賀市議会「政策討論会」，大分市議会や東広島市議会「議員政策研究会」，山陽小野田市議会「政策調整委員会」などの事例がある。

いずれも議員のみで構成され，議員間討議・自由討議等を経て政策

1　江藤俊昭『自治体議会学』ぎょうせい・234頁・2012年参照

立案・政策提言等につなげていく議会内部の組織であるが，これらに外部有識者等が加わるようになると，(3)の「調査機関」となる例が多いようである。

　ただし，現状は「設置できる」規定があるものの，設置されていない議会も多く，また，議員間討議も十分されているとはいえないが，このうち，伊賀市議会では，2016（平成28）年に市庁舎移転後の現庁舎地の利活用について，政策討論会で議論し，提言書をまとめて市長に提言した。

　また，大分市議会では，2015（平成27）年には，議員政策研究会で調査研究した結果，議員提案政策条例「大分市民のこころといのちを守る条例」を制定した。

(2)　議決事件の追加

　自治体議会の議決事件については，地方自治法（第96条第2項）の規定に基づき議会基本条例等で規定する議会も多いが，最近では，総合計画等の政策立案と関係する事項も多くなっている。

　また，三重県議会では，総合計画だけでなく，それに伴う4年間の実施計画も議決事件としているが，条例で規定しようとした際には，議会と知事との間でかなり激しい対立があった。[2]

　最近の議決事件の項目では，2017（平成29）年5月に京都市会が「通称を命名する権利の付与の対象とする施設を定めること」を追加したことが注目される。いわゆる「ネーミングライツ」を付与するかどうかを議決事件にしようとしたのである。

　このように，政策立案と結び付く議会の議決権限をどんどん増やしていけば，一定の政策立案機能の強化になるものと思われる。

(3)　附属機関・調査機関

　地方自治法に定めのない独自の機関として議会の附属機関を設置す

2　江藤俊昭『地方議会改革』学陽書房・89〜90頁参照

ることは地方公共団体の自治組織権を根拠として差し支えなく，むしろ独自の組織論が必要であるというのが本稿の結論である。

　議会の附属機関が有効に活用されるためには，それが，執行機関の附属機関とは異なる，独自の機能を果たすことに目が向けられるべきである[3]。

　三重県議会では，議会基本条例（第12条）の規定に基づき，学識経験者等５人で構成する附属機関を，都道府県議会としては全国で初めて条例により設置し，議会活動に関し，評価・改善を行うことで，県民満足度の高い議会を目指していくこととした。「議会改革諮問会議」（会長：江藤俊昭，平成21年３月25日設置，平成23年４月29日廃止）である。

　2010（平成22）年５月14日には第一次答申が，2011（平成23）年１月24日には最終答申が提出された（三重県議会『三重県議会の議会改革——評価と展望——』（平成23年３月）参照）。

　調査機関については，三重県議会基本条例の規定（第13条第１項）に基づき，学識経験者等による調査機関を議決により設置し，県政の課題に関して調査を行い，政策立案や政策提言を行うこととしている。

① **財政問題調査会（座長：大住荘四郎）**

　2008（平成20）年９月16日に，「議会における財政の監視機能，提言機能の強化に向け，県財政に関わる問題点とその対応策について調査を行う」ことを目的として，学識経験者５人以内による調査会を設置した。同調査会は，議長の諮問に基づき，執行部から地方財政健全化法に基づく財政健全化判断比率等についてヒアリングを行うとともに，委員間で審議を重ね，同年10月８日に第一次答申をまとめた。また，新県立博物館整備計画に係る財政的な影響について，調査・審議を行い，同年12月２日に第二次答申をまとめた。

3　西田幸介「地方議会の附属機関と自治組織権」議会改革白書2016年版・生活社

② **議員報酬等に関する在り方調査会（座長：大森彌）**

　2011（平成23）年6月28日に，「議員活動及び議会活動を支える議員報酬及び政務調査費のあり方について調査を行う」ことを目的として，5人の学識経験者等からなる調査会を設置した。その後，2012（平成24）年1月30日に議員報酬について中間報告が提出され，議員を公選職と整理した上で，議員報酬の在り方（適正額）が示された。引き続き，政務調査費に関する調査が行われ，2012（平成24）年6月28日に最終報告が提出された。

　また，所沢市議会では，2016（平成28）年，附属機関である「政策研究審議会」を設置して，大学等との連携を始めたが，同議会では，2012（平成24）年にも附属機関として「議員定数のあり方に関する審議会」を設置して議論している。なお，この議員定数の附属機関設置条例は，三重県議会の附属機関設置条例と同様に，時限立法として条例化されたが，本来附属機関の性格上は，常設化することが望ましいと思われる。

第3節　議員立法の現況と課題

(1) **自治体議会の議員立法**

　自治体議会における議員立法は，分権改革以前はわずか数本の成立しかなく，その低調ぶりはおよそ立法機関とは程遠い状況であったと言える。地方自治法上も最近まで機関委任事務制度が存続した結果，自治立法過程において首長の優位体制が守られてきたことが，議員立法を阻害する大きな要因であったことは疑いないとされる。近時の分権改革の進展に伴い，このような状況から徐々に変化が見られ，議員立法が量的に増加しているとは言うものの，議員立法による条例数は，まだまだ少なく，更なる議員立法の活性化が求められているのは必然といえよう。

　それでは，議員立法がいまだ低調である背景には，いかなる要因が

あるのか？　まず，指摘できるのは，議員の間においていまだに「条例案は首長が提案するもの」という潜在意識が蔓延していることもまた事実であろう。特に，与党的立場にある会派の議員からは，「議会が提案するよりも，市長に要望して提案させた方が早い」という意見も聞かれる。その根底には，「議会は行政のチェック機関であり，政策の提案機関ではない」という見方が横たわっているように思われる。

　宮城県議会議員であった秋葉賢也氏によれば，議員提案政策条例が低調な理由を行動論的事由から考察すると，四つの理由が考えられるとしている[4]。

　第1に，議員の意識の問題が最大の理由としている。議員は政策条例を提案することを，ほとんど意識していないと指摘している。

　第2に，議員の政策立案能力の欠如を挙げている。

　第3に，住民が議員に期待しているニーズの問題があるとしている。つまり，住民は必ずしも政策の立案を議員に対し，一番に期待しているわけではないとする。

　第4に，議会の総与党化の進展が，議会審議の形骸化に拍車をかけていることを挙げている。

　このことからも分かるように，議員の政策条例に対する意識の問題が最大の課題であると言える。議員立法の活性化に限って言えば，野党系会派が議会の多数を占めることが好ましい面もある。むしろ問題なのは，与党系会派が議会の多数を占める場合であり，この場合には，首長に対する議員の対抗心が弱く，首長の提案をスムーズに通過させようとする心理が働き，議会が主体的に条例案を提出することが抑制される傾向にあるとされる。二元代表制の下では，議員がいかに与党的意識を克服し，首長に対するいい意味での対抗心を醸成できるかが，議員立法の鍵を握っているとされる。

4　秋葉賢也『地方議会における議員立法』文芸社参照

　なお，自治体議会の立法活動に関しては，主権者の住民がそれを第一に望んでいるのか？　限られた資源の中で，実現可能な政策活動を大事に考えるべきで，小規模自治体議会にとっての立法活動はハードルが高く，多様な政策活動があることの理解が必要であることも指摘[5]されている。

(2)　議会事務局の政策法務の課題

　議員提案政策条例に関しては，議員の立法機能を支える議会事務局の政策法務機能の強化が重要な課題となっている。一般に大規模自治体議会にあっては，議会事務局の政策法務担当が配置されていて，相当の機能を果たしているが，比較的小規模の自治体議会にあっては，議員の立法機能を支える議会事務局の政策法務機能の強化が今後の課題である。

第4節　後方支援機能の充実

　自治体議会の立法機能を強化しようとするならば，自治体議会を後方から支援する体制整備が最も重要となってくる。

　具体的には，まず議会事務局の充実が不可欠である。このためには，議会事務局長は，地方自治法上は議長に任免権が規定されている（同法第138条第5項）が，これまであまり議長がこの任免権を行使してこなかった点が指摘できる。これを抜本的に改める必要があるが，現状では議会事務局の人事は首長の管理下に置かれている。これを文字どおり「議会人事」とすることが，立法機能を強化する第一歩となることは明らかであろう。

　議会事務局職員の議会人事に関して，議会基本条例で議長の人事任命権に関して規定している例の一つとして，次の例がある。

5　渡辺三省「自治体議会の政策活動は立法活動が必須の条件か？」北海道自治研究2017年8月号「議会改革短信　第8号」参照

※　三田市議会基本条例

（議会事務局）

第23条　議会は，議会及び議員の政策立案能力を高めるため，議会事務局の法務及び財務など市政に関する調査機能の強化に努めるものとする。

2　議長は，議会運営に加え，議会の政策立案等に資する職員を議会事務局の職員として出向させるよう市長に要請するものとする。

3　市長は，議長から前項の規定による要請を受けたときは，誠実に応じなければならない。

　このように，議会基本条例において，議会事務局職員の人事に関して，議長から市長に出向要請をし，市長は，要請を受けたときは，誠実に応じなければならない，と規定している点は注目に値する。

　また，議会事務局の職員に対して，首長の方を意識するのではなく，常に議会側に根を下ろして議会事務の職務に専念するように議会基本条例に規定している議会の例もある。

※　四日市市議会基本条例（平成23年５月１日施行）

（議会事務局）

第34条　議会は，議員の政策立案機能及び政策提言機能を高めるため，議会事務局の機能強化及び組織体制の充実に努めるものとする。

2　議会事務局職員は，常に議会の活性化，充実及び発展を心がけ，行動するものとする。

　さらに，議会事務局の管理職は，一旦登用されると行政部門には戻れないノー・リターン制にすべきであるとの意見もある。現行制度では，

6　中邨章監修『自治体議会の課題と争点』序章「新・地方の時代」と議会力の強化・芦書房・17頁参照

事務局長職は自治体のいわゆる出世コースの通過点にすぎない。議会事務局長は，議会議員のサポート役であるが，この点を徹底するには，議会事務局長を「上がり」のポストに変えることも一方策であろう。さらに，議会事務局長の役割と権限を強化し，事務局長を特別職とすることも提案されている[7]（終講第4節(2)参照）。

　また，自治体議会に独自のシンクタンクを持つことも提案されている[8]。議員の立法機能の充実が求められるが，個人で政策形成機能を発揮するには限界がある。議員が，議会が頼れる頭脳集団を組織することが要請される。

　議会からの政策立案機能の強化，議会力の強化のためには，こうした後方支援機能の充実を図ることが重要である。

コラム　議会は自治の問題⑤

〈議会の附属機関〉

　議会の附属機関については，三重県議会が議会基本条例の策定検討会で議論していた頃（平成17年度）には，総務省も「議会の附属機関は，合議制の機関に附属機関の設置は，屋上屋を架す」と認めない方針だったが，当時，合議制の教育委員会にも附属機関が設置されていたことから，総務省見解が崩れるのは時間の問題だった。

　最近では，政務活動費の不適切な使用問題で，チェックのための第三者機関を設置する議会が増えてきた。しかし，いまだに「議会の附属機関」を設置できる法的規定が明文で存在しないために，どの議会も附属機関としての位置付けには消極的な状況である。地方自治法上の議会に関する規定の未整備状態を一日でも早く是正してほしいものである。

7　佐々木信夫『地方議員』ＰＨＰ新書・150頁参照
8　露本康裕「議会事務局におけるシンクタンク機能の設置」議会改革白書2013年版・生活社

第Ⅵ講　議員の資質向上と処遇

本講のポイント

第1節　議員に求められる役割・資質

1)　議員に求められる役割としては，①選挙で選出され，②一般職ではなく特別職であり，③議会活動を担い，④議員報酬が支給される等々が前提となっている。

2)　自治体議会については，多様な層の幅広い住民が議員として議会に参加すべきであるとの意見が多いが，これは社会学的代表の考え方を重視するものである。

3)　議員に求められる資質として「専門性」があるが，これは地域の政策課題を的確に把握し，必要な情報収集を行いながら，議会において政策提言・政策立案を行うことや，合議体の議会において意見集約し，合意を得るための調整能力等も専門性に含める考え方もある。

第2節　質問力の向上

1)　一般質問する根拠は，地方自治法上には規定されておらず，会議規則で規定されている例が大半であるが，規定にかかわらず「質問権」は議員に当然認められる固有の権限であるとしている議会もある。

2)　「一般質問」をどう捉えるかは，重要な問題であり，一人の議員個人の問題ではなくて，議会としてどう考えるかの問題となっている。

3)　一般質問は，果たして機能しているかが問題である。議員が監視機能や政策提案機能を果たすことはできるが，いわゆる「民意」を反映したものになっているかどうか，また，一般質問を舞台に質問と答弁が事前にシナリオ化している場合もあり，一人の議員のパフォーマンスに終わっている場合は残念である。

4) 議員の一般質問に対して，首長が「検討する」とか，これに類する表現で答弁した事項について，その後の対応を追跡調査する必要が指摘されており，議会改革の一つの到達点とされている。

第3節　政策立案の仕方

1) 多くの自治体議会において，「議会は，予算を伴う政策条例は提案できない」とか，「議会は，理念条例しか提案できない」と誤って理解されている。

2) 議員提出の政策条例の場合には，事前に執行機関と十分な協議が必要であるが，協議が整わない場合には，議会側である程度必要な予算を見積もり，予算を伴う政策条例案を提出して可決すれば，あとは執行機関側が予算措置をすべきである。もし予算措置しなければ，予算決定権のある議会が，予算修正するだけのことである。

第4節　政治倫理に関する条例

1) 政治倫理に関する条例とは，自治体の議員や首長等の政治倫理に関して規定する条例であって，「堺市議会議員及び市長の倫理に関する条例」が最初とされる。現在では，市区議会で400団体程度が制定されている。

2) 政治倫理に関する条例の内容は，議会によって異なっており，議員を対象とするもの，長を対象とするもの，両方を対象とするもの等がある。

　また，対象者の資産公開についての規定を置くか否かも，議会によって異なっている。

3) 政治倫理に関する条例における審査会の委員には，議員ではなくて学識経験者等の委員を選任する方が，審査の客観性・第三者性を担保できるのではないか。また，審査会を議会の附属機関とするためには，例えば，議会基本条例で議会に附属機関を設置できると規定して設置することが考えられる。

第5節　議員の処遇

1)　議員定数の問題については，様々な論点から意見が述べられているが，どのような定数にするかは，それこそ「自治」の問題であり，住民と共に議論し，最後は議会で決めることである。議員定数の根拠の一つに，多様な民意を反映できる，議会として討議できる人数が定数の基本的な考え方であるとする意見がある。

2)　議員報酬については，小規模な自治体議会では，議員のなり手がいないという後継者不足の問題もあり，議員報酬の増額なども検討されている。

3)　自治体議会議員の厚生年金への加入については，全国都道府県議会・市議会・町村議会の議長会から合同で国に対して要望が出されたが，多様な人材確保の観点からの法整備は，自治体議会議員の処遇の問題からも重要な課題である。

第❶節　議員に求められる役割・資質

　自治体議会の議員については，憲法第93条第2項において，住民の直接選挙によるのみと定められ，「代表」についての明確な根拠規定がないが，各自治体議会においては議会基本条例を制定し，「住民の代表」，「住民全体の利益」等について規定する例が見られる。

　議員に求められる役割としては，①選挙で選出され，②一般職ではなく特別職であり（非常勤とは規定されていないが非常勤とみなされている。），③議会活動を担い，④議員報酬が支給される等々が前提となっている。

　そして，今日の新しい議会では，議員自体も変わらなければならない。新しい議会を担う議員は，住民の提言を政策化する調整と提案の能力，地域デザイン構想者としての提案と討議の能力，監視の能力をそれぞれ

有して活動することが期待される。

　また，自治体議会については，多様な層の幅広い住民が議員として議会に参加すべきであるとの意見が多いが，これは，住民自治の充実の観点から，地域の多様な住民意思を自治体議会に可能な限り公正かつ忠実に反映させるという社会学的代表の考え方を重視するものと捉えることができるとの指摘もある。

　なお，議員に求められる資質として，「専門性」があるが，これは特定の分野に関する高い専門的知見を有しているという意味のほかに，地域の政策課題を的確に把握し，必要な情報収集を行いながら，議会において政策提言・政策立案を行うことや，合議体の議会において意見集約し，合意を得るための調整能力等も「専門性」に含める考え方もある。

　このような専門性は，議会として有していればよいという考え方もある。監視機能や政策形成機能等の議会機能を一層発揮していくためには，議会として議員の専門性を高めるための研修等を絶えず行うとともに，公聴会や参考人制度等の活用を図りながら，議会の専門性を高めていくべきである。

第2節　質問力の向上

⑴　一般質問の在り方

　現在，多くの自治体議会において，「一般質問」が実施されているが，その根拠は，地方自治法上には規定されていない。多くの場合，会議規則に定められており，標準市議会会議規則では，「議員は，市の一般事務について，議長の許可を得て質問することができる。」とある。もちろん「できる」規定であって，議員によってはしなくても特に罰則があるわけではないし，一般質問が実施されていない自治体議会もある。

1　江藤俊昭『地方議会改革』学陽書房・153頁参照

　また，ある議会のホームページでは，「議会は執行機関を批判監視することを重要な機能としているので，地方自治法や会議規則の規定の有無を問わず，「質問」は当然に認められるものであり，「質問権」は議員の固有の権限とされている。特に，最近における議会活動の中心が，住民のために政策を立案することから，肥大化，強大化，広範化する執行機関を批判監視し，適正な行政運営を確保することに移っているので，「質問」の果たす役割が重要になっている。」とされている。

　さらに，最近，一般質問は不要だ，廃止すべきだという意見もあるが，この背景には，一般質問の原稿を職員に作成させている議員がいる，また，一般質問の原稿作成を業者に依頼している議員もいる，議員の任期中に一度も一般質問をしない議員もいること等がある。

　しかしながら，この「一般質問」をどう捉えるかは，重要な問題であり，一人の議員個人の問題ではなくて，議会としてどう考えるかの問題となっている。

　なお，「一般質問」については，各議員が多大のエネルギーを費やしているが，一方，住民にとって非常に重要な予算審議や決算審議にはさほど時間をかけていない。「一般質問」が地方議会に広まるようになってから50年ほど経過した。そろそろ「一般質問」から卒業し，本来の議会の審議に立ち戻るべきではないだろうかとの意見もある。

　そこで，一般質問は，果たして機能しているか？　が問題となる。

　一般質問は，議会の一員としての議員が，監視機能や政策提案機能を果たすことができ，しかもそれは政治家としての政策目標や問題関心を基盤にするものとはいえ，議会議員である政治家としてその活動の集約となる場であるとされる。しかしながら，実際の議会の現状は

2　沖縄県石垣市議会のホームページ参照

3　竹下譲「「一般質問」からの脱却を!!」自治日報2017年5月26日議会欄参照

どうか？　その機能は果たされているか？　議会傍聴者から，「あの質問は住民の声を代弁している，いい質問だ」というような評価をされているだろうか？　いわゆる「民意」が反映されたものになっているかどうかである。

　また，「八百長と学芸会」と言われるように，一般質問を舞台に質問と答弁が事前にシナリオ化していた（いる）という議員と行政職員のなれ合いを象徴した表現もあるが，それ以上に残念なのは，一般質問が監視機能も政策提案機能も十分に果たせていない状況で，一人の議員のパフォーマンスだけで終わってしまっている場合である。[4]

　これに対して，議員がレベルの低い質問で当局に無駄な時間を使わせるよりも，議員の質問は，答弁も含めて行政職員に作ってもらった方がよほど質の高い議論を議場で展開できるから，その方がマシだという穿った見方もある。[5]

　この考え方は，行政職員の自作自演の質問・答弁では，行政職員にとって答えにくい，都合の悪い質問は出てこないので，行政職員が質問を考えることは，次善の策にすぎないとする。議員としては，行政職員が思いもつかない角度から，質問骨子を構想しなければならない。ただ，その際に，細かいことまで自作する必要はないということである。議員は，行政職員に質問作成の注文を出す。発注するのは主人の仕事である。重要なことは，どのような着眼点で発注するかなのである。そして，できの悪い質問であれば突き返して，再度，作り直させればよいとしている。

　ただし，行政職員が，議員の作り直しの依頼に素直に応じるかは分からない。行政職員に任せれば，やはり行政側に都合の良い質問内容になると思われる。

4　土山希美枝『「質問力」でつくる政策議会』公人の友社・111頁～参照
5　金井利之「地域における民意」自治総研ブックレット19参照

(2)　一般質問の追跡調査

　議員の一般質問に対して，首長が「検討する」とか「検討したい」とか，これに類する表現で答弁した事項について，その後の対応を追跡調査することが必要である。まだまだ議会改革の一環として全国的な広がりは顕著ではないが，議員・議会活動の中心にある首長などへの「質問」を「棚上げ状態」で放置しないように取り組んでいる議会もある。

　例えば，通年制議会の導入では全国のトップであった北海道福島町議会では，「一般質問等答弁事項進捗状況調査実施要綱」（平成26年11月25日議会要綱第1号）を定めている。この追跡調査の特徴は，議会が論点整理した「一般質問等における追跡調査のあり方について」で，「当町議会の方向性は，議員が個人で対応する『追跡質問』・『追跡調査』ではなく，誠実・明快な答弁をすべき首長が，自分の発言に責任を持ち，しっかり説明責任を果たす見地から，議会として対応する『追跡調査』の方式で検討すべきものと考えます。」としている。

　福島町議会の具体的な追跡調査の進め方は，各会議の後，議会運営委員会と議会事務局が，議員の行った質問事項を整理し，その中から議会として追跡すべきと思われる項目を抽出し，それを質問した議員が確認した上で議長が町長に提出する。町長の回答は，議事日程にのせて各会議で報告され，町の広報紙にも全文が掲載される。

　神原勝・北海道大学名誉教授は，「昔から行政関係者が発する「検討する」という答弁は，「何もしない」ことと同義と言われてきた。それを許してきたのは質問者と答弁者のなれ合いである。いま先駆議会が「追跡調査」という名の楔をここに打ち込みはじめた。議会改革の一つの到達点がここにある。」としている。[6]

6　神原勝「一般質問事項への対応状況を追跡調査」──知内町，伊達市，福島町，芽室町の議会が実施──参照

第3節　政策立案の仕方

　議会は，執行機関に対する監視役だけではなく，最近は，議会の活性化を図り，住民の代表として地域の課題解決にも積極的に責務を果たすべきである。

　そのための調査研究費として政務活動費が交付されているのであるから，議員提案の政策条例も増えてくるのが当たり前だと思われる。

　地方自治法では，議員は議案の提出権を持ち（地方自治法第112条），議会の委員会もその部門に属する当該地方公共団体の事務に関するものにつき議案提出権がある（同法第109条第6項）。

　なお，条例は，原則議会側と首長の双方に提出権があり，予算を調製し，提案する権限は長に専属している（同法第149条第1号）が，議員は予算を伴う条例案についても提案することは可能である。

　ところが，多くの自治体議会において「議会は，予算を伴う政策条例は提案できない」といった誤った理解がされているようである。また，提案しても，当該法政策を執行する権限を持たないことから，多くの議員提案の条例では，目的達成のための具体的手法が定められるものは少なく，いわゆる基本条例や理念条例が多くなっている。それどころか，「議会は理念条例しか提案できない」と信じている職員さえ見受けられる。

　確かに，議会側が執行権限を持たないので，そのような誤解が執行機関でまかり通ることは考えられ，議員提案に当たっては，執行機関と事前に十分な協議をすることで解決できる場合[7]もある。ただし，議員提出条例の中には政治的色彩を帯びる微妙な条例もあり，執行機関との事前協議が整わない場合もある。そのような場合には，議会側である程度条

7　執行機関と協議を重ねながら議員により立案された条例として「倉敷市空き家等の適正管理に関する条例」がある。宇那木正寛『自治体政策立案入門』ぎょうせい・121頁

例執行上の必要な予算を見積もり，執行機関側に知らしめておくことが必要となる。そうして，予算を伴う政策条例案を提出して可決すれば，あとは執行機関側が予算措置をすべきで，もし予算措置をしなければ，予算決定権のある議会が予算修正するだけのことである。

　なお，この場合において，首長から当該条例可決後に異議ありとして再議案件とされる場合があるが，議会が3分の2以上の賛成で再可決すれば，特に問題なしと考えられる。

第4節　政治倫理に関する条例

(1)　政治倫理に関する条例とは

　政治倫理に関する条例とは，自治体の議員や首長等の政治倫理に関して規定する条例であって，1983（昭和58）年に制定された「堺市議会議員及び市長の倫理に関する条例」が最初とされる[8]。現在では，市区議会で400団体程度が制定されている。

　政治倫理に関する条例の内容は，議会によって異なっており，議員を対象とするもの，長を対象とするもの，両方を対象とするもの等がある。

　また，対象者の資産公開についての規定を置くか否かも，議会によって異なっている。

(2)　政治倫理審査会について

　政治倫理に関する条例においては，多くの議会では条例で「政治倫理基準」を定め，対象議員に基準違反の行為があったとき，市民や議員等からの「審査請求」により，「政治倫理審査会」が開催され，審査会で条例違反が認められた場合，審査会から議会が執るべき措置についての勧告が出される。

8　小林直岐「政治倫理条例における議会の裁量の統制」（令和4年8月28日議会事務局研究会報告）に詳しい。

　この場合に，条例違反であると認定する審査会の委員に，誰を選任するかという問題がある。

　三重県議会では「議員のうちから選任する」と規定されていて，「議員が議員を裁く」ことになっているが，所沢市議会では「委員9名のうち議員は6名で残り3名が市民」，新宿区議会では「委員8名のうち過半数の5名が学識経験者等」と一定の客観性・第三者性を考慮している。

　筆者は，政治倫理という極めて政治的な色彩の濃い問題を解決するに当たっては，議員が他の議員を審査するという権限を議員自身に与えてはいけないのではないか，悪く考えれば，多数派の議員が少数派の議員を排除することに繋がらないかと危惧するのである。実際に，ある議会の審査会は，当初委員8名以内で過半数は学識経験者と規定されていたが，審査会委員を議員のみの構成にするという条例改正が行われた例もある。

⑶　審査会を議会の附属機関にすべき

　筆者は，政治倫理審査会の委員を議員のうちから選任するのではなく，学識経験者等から選任し，議会の内部機関ではなく議会の附属機関とすべきであると考えている。議会の附属機関については，「第Ⅲ講　議会基本条例」で述べた。地方自治法に明確な根拠規定は存在しないが，執行機関の附属機関と同様に考えれば，議会でも附属機関の活用を図るべきである[9]。三重県議会や所沢市議会では，議会基本条例に「附属機関を設置できる」旨の規定があるので，是非，政治倫理審査会を議会の附属機関と位置付けてその活用を図っていただきたい。

9　髙沖秀宣「自治体議会活動における附属機関の役割」自治日報2023年4月24日参照

第5節　議員の処遇

(1)　議員定数の論点

　議員定数とは，単純な人口数に比例させればよいのではない。どこに住んでいても，問題を抱えたときに公の手によって解決される可能性が平等になるようにすべきである。[10]

　また，選挙区・定数の問題については，三重県議会の特別委員会における「選挙区・定数」の見直し議論における参考人の意見が注目に値する。[11]

　まず，辻陽・近畿大学教授参考人からは，代議制民主主義において，議員は当該自治体の代表であり，自治体全体のことを考えるべきだという「全体代表」と，応援してくれた選挙区あるいは人たちを代表する「委任代表」の両面を持つが，公職選挙法の規定を考えるならば，「委任代表」の側面が強いのではないかとの指摘や，選挙区を考える上で公職選挙法第15条第8項ただし書である「特別の事情があるときは，おおむね人口を基準とし，地域間の均衡を考慮して定めることができる」をどう解釈するかが重要となってくるなどの話があった。

　とりわけ興味深かったのは一票の格差を見る指標として，県全体の人口に占める当該選挙区の人口割合と県議会全体の定数に占める選挙区定数の割合の差に着目したルーズモア・ハンビー指標を紹介されたことであり，一票の格差を測る尺度は決して一つではないことを改めて強調した。

　また，江藤俊昭・山梨学院大学教授参考人からは，選挙区議論の前に定数の議論を原則としてするべきである。二元代表制における議会は多様な民意を反映している。ゆえに，多様性とともに討議できる人

10　田口一博「定数論議は議員活動にも注目を」自治日報2017年3月31日
11　三谷哲央「悩ましき選挙区・定数」自治日報2017年3月10日

数が定数の基本的な考え方でなければならない。

　定数削減の論拠となる機動性や専門性というのは執行機関の論理であり，議会の論理からすれば，定数議論は従来の人口を基準にする議論から，討議できる必要人数の議論に転換するべきである。

　経験則的にいって，一常任委員会当たり，7，8人以上は必要であり，今までの三重県議会の定数議論を聞いていると，知事と政策競争をするべき議会が真に活発化していくにはどれだけの定数が必要なのかとの議論がすぽんと抜け落ちている。

　定数は，議員，選挙区の関係を考慮しながら調整するのではなく，議会の活発化の観点から問題設定をするべきであるなどの鋭い指摘をいただいた。

　しかし，両参考人から異口同音に「選挙区・定数をどうするか？は，最後は議会で決めることです」と言われると，理想の選挙区・定数は，解のない永遠の課題かもしれないと考え込んでしまうのである。

　実際，三重県議会の特別委員会での議論の結果は，県民からの意見を求めたり，33回も委員会で議論を重ねたが，結局結論は出ずに，最後まで平行線で幕となった（2018年3月会議で，議員定数を45人から51人に戻す条例改正案が議員提案条例で提出され，23対22の1票差で可決され，定数議論は，また振出しに戻った感がある。やはり，議員定数の問題は，解のない永遠の課題なのかもしれない。）。

(2)　議員定数の基準

　さらに，議員定数については，条例で定めることになっている（地方自治法第90条第1項，第91条第1項）が，議員定数の根拠についての定説はない。一つには，議会は多様な意見を吸収し，様々な視点から議論する場であるので，それ相当の人数が必要であるという見解もあれば，また，一方では，議員は，最低限の人数が確保されていればよく，少なければ少ないほどよいという意見もある。

　どのような定数にするかは，それこそ「自治」の問題であり，住民

とともに議論し，それぞれの自治体で決定しなければならない。定数
や議員報酬を住民とともに考える議会が，住民からも信頼されること
になる。

　議会側の立場から定数の基準を便宜上示せば，本会議主義の場合は，
人数は少ない方が議会運営としてはスムーズにいくだろう。これに対
して，委員会主義を採用している議会は，（討議できる人数）×（常
任委員会数）ということになる。そこで，（討議できる人数）がどの
くらいが適当かが問題となる。

　この問題に関して，会津若松市議会では，１委員会当たり７，８人
は必要との結論に至り，７人×４委員会＝28人か，又は８人×４委員
会＝32人が適当とした事例がある（実際には，議長１人加えて，29人
か33人が適当となる。）。

(3)　**議員報酬の論点**

　都道府県議会や政令市議会のような比較的大規模な自治体議会議員
には，一定の議員報酬も用意されているので，議員選挙の場合でも定
数以上の候補者が出るが，地方の小規模な自治体議会では，選挙でも
定数分の人数の候補者がなく，議員のなり手がいない，後継者不足が
現実となってきている。

　後継者不足を解消し，議会の役割拡大や若い世代を含めて議員にな
りやすい環境を整えるためなどの理由により，例えば，群馬県みなか
み町では，議員報酬を月額19万円から27万円へと42％増額している。

　また，議員の平等原則から議員報酬を差別化することは困難である
と思われていたが，長崎県小値賀町議会では，年齢によって議員報酬
を区分することとして全国的に注目された。月額18万円の議員報酬を，
50歳以下に限り30万円に引き上げるものである（2015（平成27）年３
月議会での可決，同年４月の町議会議員選挙当選者から適用）。

　この点につき，江藤俊昭・山梨学院大学教授は，条例に基づいて議
員報酬を区分することは，客観的基準（個々の議員の成果といった抽

象的なものでなく）を採用すれば可能であるとするが，この小値賀町
議会の区分が現実の要請からの対応であることは理解できるが，慎重
に検討したいとして，議員報酬の意味を抜本的に考える機会を提供し
たとしている。[12]

　なお，この注目された小値賀町の議員報酬の区分化は，同年4月の
統一地方選挙では50歳以下の立候補はなく，実際には適用されていな
い。

　筆者は，この意欲的な議会の試みに対して，住民はどのように受け
止めているか現地調査を行った（同年8月）が，多くの住民はこの新
しい議員報酬の条例改正を知らなかったようであり，また，知ってい
た住民からは，議員報酬が増額されたから立候補するのかとの批判を
考慮して立候補しにくい環境であったとのことであった。当時は，こ
の議員報酬条例の今後の適用例に期待したいと考えていた。

　ところが，2018（平成30）年3月，小値賀町議会は，この意欲的な
条例を廃止してしまったのである。『町民に「カネ目当てで議員を目
指す人が出る」との批判が強く，来年春の町議選を控え，むしろ若手
の新人が立候補しづらくなりかねないと判断した。地方議員のなり手
不足が深刻化する中，全国の注目を集めた試みは3年で消えることと
なった。同町議会は今後，年齢ではなく，子育て世代など議員の立場
に応じた手当の導入を検討するという。』（2018年3月16日西日本新聞
朝刊）

　議員のなり手不足解消のための現実的な解決策の一つとして，議員
報酬の増額は大きな論点であると考えるが，筆者は，この小値賀町議
会の議員報酬に関する条例は，政策法務的にはいかがなものかとは考
えていたが，実際に適用されることなく廃止になったのは残念である。

12　江藤俊昭編『地方議会改革の最前線』学陽書房・155～156頁・2015年

(4) 議員年金について

　かつて実施されていた議員年金制度は，2011（平成23）年に財政悪化を理由に廃止されたが，最近，地方議員のなり手不足解消を図る目的で，議員年金復活法案も議論されている。全国都道府県議会議長会の総会（2017（平成29）年7月）でも地方議員の厚生年金加入を求める決議が可決されたが，ただ自治体負担が200億円を超えるとも試算されており，年金「復活」には批判も多い。

　自治体議員は，首長とは異なり，退職金制度もない現状では，有為な人材，特に若者を幅広く議員として確保し，議会力を強化していく上でも，議員年金制度に代わるべき住民に納得されるような適切な他の制度に再構築することが要請される。

　このような中，同年8月には，全国都道府県議会議長会・全国市議会議長会・全国町村議会議長会から合同で国に対して，「地方議会議員の厚生年金への加入についての要望」が出された。その理由は，選挙年齢の引下げに伴い，若者に対して政治への関心を高めるための啓発活動の充実を図るとともに，民間サラリーマン等と同様の厚生年金に加入できるようにすることは，人材の確保につながっていくと考える，としている。

　国民の幅広い政治参加や地方議会における多様な人材確保の観点から，地方議会議員の厚生年金加入のための法整備は，地方議会議員の処遇の問題からも重要な課題であると思われる。

> ## コラム　議会は自治の問題⑥
> 〈政務活動費を減額して議員報酬を増額〉
> 　2015（平成27）年にある自治体で，月額15万円の政務活動費を5万円に減額し，10万円分を議員報酬に付け替えるという報酬等審議会の答申が出されたことがあった。もちろん議会側からではなく，首長側の審議会答申であったが，とんでもない答申だと思っていたら，すぐ

にある新聞社の社説で「非常識な前例を作るな」と窘められていた。

　ただ，この自治体の話を受けてかどうかは分からないが，北陸地方の自治体議会では，政務活動費を減額して議員報酬を増額した議会が相次いだようである。減額した分と増額した分が等しければ財政的には問題ないという低レベルの議論ではなく，政務活動費と議員報酬は，全く別であり，政務活動費は，議員の調査研究に資するために交付されるものである。

　最近では，政務活動費が減額されたり，廃止された議会もあるようだが，今一度，政務活動費は何のためにあるのか？　議会関係者は再考すべきであろう。

第Ⅶ講　議会事務局改革

本講のポイント

第1節　事務局職員の独自採用

1) 議会事務局職員の独自採用は，大規模自治体議会では人事委員会が実施する職員採用試験において，「議会事務職」の採用区分を設けて行うことが可能である。この職員を議会が独自採用することによって，地方分権推進委員会の勧告にもある「執行機関からの独立性の確保」も担保されるが，この執行機関からの独立性の確保は，二元代表制の自治体議会にとっては非常に大きな課題である。

2) 議会事務局職員の一括採用については，例えば，一部事務組合や広域連合などで共同して採用する方法が提案されているが，更に議会を設置する必要があるため，屋上屋を架すとの懸念がある。

3) 全国的に職員を一括採用するためには，全国都道府県議会議長会などで議会事務局スタッフを共同採用し，各都道府県議会等からの希望に応じ，事務局職員を派遣するシステムが考えられる。

第2節　調査担当課の改革──専門調査員等の配置

1) 調査担当課の改革のためには，沖縄の立法院時代の事務局が参考になる。

2) これに倣って，調査担当課には立法院事務局が各常任委員会に設置していた調査室の役割を担う職員を配置すべきである。

第3節　法務担当課の設置

1) 政策法務担当課の共同設置は，議会事務局の組織の自由度を増し，共同設置することによって事務局職員の専門性の充実強

化や人材育成等議会の活性化の観点から捉えることができる。

2)　法務担当課を共同設置するに当たっては，執行機関との協議など実務的課題もあるが，市長部局で設置できて，議会事務局に設置できない合理的理由は存在しないことから，その実現可能性は極めて高いと思われる。

3)　自治体議会に「法制局」を設けることが提案されている。これは，各議員が政務活動費の半分を拠出して，条例の作成，首長提案の予算や条例のチェックなど議会の仕事をサポートする機関で，近隣自治体で共同設置してもよく，法制局のサポートによって議員の専門性を高め，首長と対抗する能力を備える必要があるとされる。ただし，その設置費用に政務活動費を充てるのはいかがなものかと思われる。

4)　二元代表制において，議会がその役割を発揮していくためには，政策法務担当の役割が重要であるが，議員提案の条例制定の際に，政策法務担当職員がどの程度事務局職員として意見を述べることができるかは微妙な問題である。

第4節　政務活動費の対応

1)　「政務調査費」から「政務活動費」に改正された際に，議長に政務活動費の使途の透明性の確保に努める義務が課せられたが，議長の部下である議会事務局職員にも課されたことになることを十分認識する必要がある。

2)　政務活動費のチェック機能の強化のため，第三者機関を設置する議会が増えているが，議会には附属機関の設置はなじまないという従来からの考え方があり，その法的位置付けは曖昧であり，地方自治法上の規定の整備が期待される。

3)　政務活動費に関して議会事務局の対応は，従来から議員活動の自主性を尊重する観点から，余り立ち入らず，収支報告書の審査は，一般的・外形的な形式審査であった。しかし，議長に使途の透明性の確保が義務付けられたことから，議会事務局の役割は，再考されなければならない状況である。

第5節　議会事務局職員の意識改革

1)　議会事務局職員は，二元代表制の下で，議員と共に力を合わせて積極的に議会改革に取り組んでいくべきである。

2)　その成果を挙げるためには，職員も議員と共に住民の負託に応えるべき職務を全うするという意識を持つように，議会事務局職員の意識改革が極めて重要である。

第6節　議会事務局職員のネットワーク

1)　事務局職員のネットワークとして，全国的には，幾つかの議会事務局職員の研究会が誕生して，シンポジウムなどの開催を通じて議会事務局や事務局職員に関する問題点が指摘され，議論されるようになってきた。

2)　今後の課題としては，大規模自治体議会の改革が注目されているが，そこでも議会事務局職員の果たすべき役割は重大であると言える。

第❶節　事務局職員の独自採用

(1)　職員採用試験

　　議会事務局職員の独自採用の可能性については，筆者は既に述べた経緯がある。ここでは沖縄の本土復帰前の琉球政府立法院事務局が，職員を自由に採用していて規模も大きく，組織も充実していたと言える例を基に考えてみる。職員は定数122名，実数110名で，3部8課（室）を擁し，1957（昭和32）年以降，参議院にて3か月の研修を実施していた。

1　髙沖秀宣編著『議会事務局はここまでできる!!』学陽書房・70頁・2016年
2　黒柳保則「日本復帰と二つの「議会」」沖縄国際大学法学会・2015年3月・12頁

　議会事務局職員の独自採用は，小規模議会であれば難しいが，事務局職員の定数が120名程度ならば琉球政府立法院の事例からすると可能である。そうなると，例えば同程度の職員数を擁する東京都議会や，少し職員数は少ないが大阪府議会，神奈川県議会などであれば可能であろう。

　独自採用については，例えば都道府県職員の採用試験では，人事委員会が各任命権者からの採用依頼を受けて採用試験を実施している。筆者も三重県人事委員会事務局任用係で採用試験を担当していた経験があり，知事や教育委員会等からは依頼があったが，議長からは採用依頼がなかった。この際に議長から採用依頼すれば，「議会事務職」という採用区分を設けて「行政（一般事務）職」とは別に採用することは可能であろう。もちろん，採用試験後の事務関係については，知事部局の人事担当との協議が必要であることは言うまでもないが，琉球政府立法院事務局と同様のことがやれないことはないと思われる。

　また，職員の独自採用によって，地方分権推進委員会第2次勧告（1997（平成9）年7月）で指摘された「議会事務局職員の資質の向上と執行機関からの独立性の確保を図る」ことも担保されるが，この執行機関からの独立性の確保は，二元代表制の自治体議会にとっては非常に大きな課題である。比較的大規模な議会は，是非実施すべき課題であると思われる。

⑵　職員の一括採用

　議会事務局の職員の一括採用については，以前から多くの学識者から提案されているが，残念ながら実現していないようである。

　例えば，新藤宗幸・千葉大学教授は，新聞紙面にて[3]「自治体の監査委員事務局や議会事務局を一つに束ねる『一部事務組合』を都道府県ごとに作ることを提案」している。この方法によれば，県で組合を一

3　毎日新聞2010年2月26日

つ作って職員を独自採用して，県と各市町村に派遣する。職員は，都道府県知事や自治体の首長，自治体組織とは独立した立場で監査委員や議員を補佐できると説く。

　また，大森彌・東京大学名誉教授は，「複数の都道府県，都道府県と市あるいは町村，複数の市あるいは町村，複数の町村が，一部事務組合，複合的一部事務組合，広域連合などにより，共同して職員を採用する。そして，その職員は採用を共同した都道府県，市，町村の議会事務局に出向し，議長が任免する。そうすることによって，職員は事務局の事務に専念することができる。その職員の数は，基本的には事務局職員の半数とする。残る半数は，現在と同様に執行部から出向し，議長が任免する。

　さらに，共同採用され，事務局に出向した職員は，同じ事務局で少なくとも10年，15年と長期に在職し，議会運営，調査，政策法務などの分野を専門的に担当する。このことによって，議会事務局の独立性，職員の専門性が確保されよう」と述べている。[4]

　この二つの説によると，職員を一括採用するには少なくとも一部事務組合等の設置が予定されているが，現行制度上，一部組合や広域連合の場合には，議会の事務を共同処理するため，一部事務組合や広域連合にも議会を設置する必要があり，「屋上屋を架す」との懸念がある。

　そう考えると，全国的に職員を一括採用するためには，全国都道府県議会議長会や全国市議会議長会・全国町村議会議長会等で議会事務局スタッフを共同採用し，各都道府県議会や市町村議会からの希望に応じ，事務局職員を派遣するシステムが考えられる。この場合には，派遣する職員の研修は同議長会等で行い，その専門性の確保を図るものとする。

4　大森彌『分権時代の首長と議会』ぎょうせい・263頁・2000年

第2節　調査担当課の改革──専門調査員等の配置

　議会事務局の調査機能は，単なる他の自治体の事例の紹介ではなく，議員提案，委員会提案を積極的にサポートするための手法や政策法務機能を担うようになる。

　調査担当課の改革のためには，これも沖縄の立法院時代の事務局が参考になる。立法院事務局では，各常任委員会に調査室が置かれて，それぞれ職員が7名程度おり（室長，専門調査員，立法調査官（複数），法制職及び事務職），調査のみならず運営も行った[5]。

　これに倣って，調査担当課にこの調査室の役割を担う職員を配置すべきである。既に専門調査員を配置している議会事務局もあるが，一常任委員会に一人の調査課担当職員を配置して，当該常任委員会の調査を一手に担当して行い，各常任委員会の委員にその調査した資料や論点等の提供を行い，委員会での調査・審議等に活用していただくようにする。また場合によっては，常任委員会での政策立案や政策提言の作成段階で，調査課担当職員も議員と一緒になって政策立案等に関わるべきではないか。

第3節　法務担当課の設置

⑴　政策法務担当の必要性

　自治体議会における事務局職員の配置であるが，最近では議会の政策立案・政策提言機能の強化の観点から，議会事務局に政策法務担当を設置する議会が増えてきた。例を挙げれば，三重県議会では，2001（平成13）年4月に政策法務監という管理職ポストを新設し，2名の部下とともに政策法務担当として議員提出の政策条例等の策定事務に関与するようになった。

5　黒柳保則「日本復帰と二つの「議会」」沖縄国際大学法学会・2015年3月・9頁

　このように，自治体議会が政策形成機能を発揮しようとすると，議会事務局にも執行機関側と同様に，政策法務担当の設置が必要となってくるので，現在では，比較的大規模な自治体議会では政策法務担当を置いている。また，議会事務局内に政策法務室といった組織を設けている議会もある。[6]

(2)　政策法務担当課の共同設置

　2011（平成23）年に地方自治法が一部改正され，改正前には議会は，機関等の共同設置ができないものとされていたが，改正後には，議会事務局若しくはその内部組織も共同設置できるとされた。それは，共同設置することによって議会の活性化に資する，あるいは職員，議員の専門性の向上に資することも期待されているものであり，あくまで議会側の自由度を増すという趣旨の改正であると捉えることができる。

　したがって，政策法務担当課の共同設置は，議会事務局の組織の自由度を増し，共同設置することによって事務局職員の専門性の充実強化や人材育成等議会の活性化の観点から捉えることができる。

　なお，共同設置の場合には，次の視点が重要である。

① 　議会事務局全体の外部化は避けるべきで，間接部門とか，法務担当などの専門的分野に絞って考えてみること。

② 　行政改革と同様な効率化の観点からではなく，あくまで議会事務局の機能強化の問題として捉えること。

③ 　議会事務局と職員との一体性は，常に意識すること。

　また，具体的な共同設置のモデルプランとしては，市長部局における共同設置の例[7]を参考にして考えてみる。

　例えば，人口5～20万人程度を有する近隣の5市議会程度を想定する。より具体的には，首都圏など大都市圏に位置する市議会等が

6　京都府議会事務局など。

7　髙沖秀宣『「二元代表制」に惹かれて』公人の友社・110～124頁参照

地理的近隣性からより適当ではないかと思われる。

　そこで，2012（平成24）年10月から実際に共同設置して広域事務を処理している岸和田市保健福祉部広域事業者指導課の例を参考にして，議会側も全く同様に，岸和田市・泉大津市・貝塚市・和泉市・高石市及び忠岡町の5市1町議会が，議会事務局政策法務担当課を共同設置することを考える。

　共同設置する課の名称は，岸和田市議会事務局政策法務課とし，設置場所は，岸和田市議会内とする。

　担当職員は，岸和田市議会議長が，6市町議会から1名ずつ職員を選任し，あらかじめ6市町議会議長が協議して，課長選任市議会を岸和田市議会と決めることとする。

　共同設置した政策法務課の分担事務は，おおむね次の(ア)〜(ウ)とし，課長が状況に応じて担当職員を割り当てるなどのマネジメントを行う。

(ア)　各市町議会の議員提出条例に関する職員サポート

(イ)　議会基本条例（見直し）に関する調査・研究やサポート事務

(ウ)　各市町議会の政策法務に関する事務

　また，以上の事務以外にも，その他政策法務に関する事務等を，それぞれ原所属議会の担当者が，当該市町議会の事務を中心に行い，原所属の議会議員や議会事務局職員との一体性も担保するようにする。さらに，課員全体の専門的能力向上のために，積極的に政策法務の研修会に参加するなど，職員のレベルアップを図ることとする。

　ただし，共同設置するに当たっては，執行機関との協議など実務的課題が残っている。

　この場合においては，事前に議会事務局長と人事担当部局との折衝が必要であるが，最終的には，議長と首長とのトップ交渉となる。議長・議員・事務局が一体となって共同設置を執行部側に要請することが重要となる。

　しかしながら，参考例に挙げたように既に行政機関側では保健福祉部関係で広域担当課を共同設置している実例があり，地方自治法も改正されて議会事務局も共同設置できることとなったので，執行機関の市長部局で設置できて，議会事務局に設置できない合理的理由は存在しないことから，その実現可能性は極めて高いと思われる。

⑶　「法制局」の設置

　政策法務担当課の共同設置と同様に，地方議会に「法制局」を設けることが提案されている。[8]これは，各議員が政務活動費の半分を拠出して設け，条例の作成，首長提案の予算や条例のチェックなど議会の仕事をサポートする機関で，近隣自治体で共同設置してもよく，法制局のサポートによって議員の専門性を高め，首長と対抗する能力を備える必要があるとされる。

　筆者は，地方議会に「法制局の設置」は政策法務担当課の設置の延長線上にあって積極に解するが，ただ，その設置費用に議員の政務活動費を拠出するのは賛成できない。政務活動費を設置費用に充てるのではなく，その使途は政策立案のための調査研究費に限定して使用すべきだと考えるからである。「法制局の設置」は，別途議会費等で計上すべきであり，首長に設置要請をした後，仮に首長から予算計上されなかった場合には，議会が修正すればいいのではないかと考える。

⑷　**政策法務担当の役割**

　議会が，二元代表制において，その役割を発揮していくためには政策法務担当の役割が重要であることは既に述べたが，政策法務担当が議員提案の条例制定の際に，どの程度事務局職員として意見を述べることができるかについては，なかなか微妙な問題もある。

　例えば，三重県議会の事例であるが，2016（平成28）年に選挙区調査特別委員会で，前任期中に同じく特別委員会で議員定数を6議席削

8　佐々木信夫「民意と歩む議会再生」北日本新聞ウエブ2017年6月4日

減すると決めた議員定数に関する条例を見直すと決定した。次期県議選の前に定数を削減した条例が改正される可能性もあるが（実際2018（平成30）年3月，議員定数を元に戻す議員提案の改正条例が可決された。），この問題は，そもそも前任期中に次回の県議選では適用しないが，次々回の県議選から適用すべき定数に関する条例を改正したことが発端となっている。

　問題は，せっかく条例改正したならば，なぜその直後の県議選で適用しなかったのか？　また，次々回の県議選からしか適用しない条例をなぜ前任期中に改正したのか？

　この件は，議員の定数に関する条例のような，非常に微妙な問題に際して，議会事務局の政策法務担当がどこまでその役割を発揮できるかという問題に帰着する。筆者としては，次々回からしか適用しない条例の改正は，前任期中にはすべきではなかったのではないか，議会事務局の政策法務担当は，その法的問題点を十分議員と議論したのかどうか，疑問である（もちろん，事務局から議員に法的問題点を指摘して進言しても，現実的には政治的判断が優先される場合もあるが。）。

　もう一つ，政策法務担当が機能したかどうかの事例として，会議規則と会議条例の問題がある。周知のように，地方自治法第120条は，「普通地方公共団体の議会は，会議規則を設けなければならない」と規定しており，これを受けて，一般に各議会議長会を中心に作成された標準会議規則に依拠した会議規則が制定されている。しかし，委員会の設置が条例事項とされているのに，本会議で定められた事項以外は規則で定めることが妥当か，住民の請願のように，住民と直接に関わる事項についても規則で定めることが妥当かについては議論があり，北海道福島町議会のように，従前の会議規則に代えて，会議条例（2009年3月制定）を制定した例もある。[9]

9　宇賀克也『地方自治法概説　第7版』有斐閣・268頁参照

　また，福島町議会の会議条例制定・会議規則廃止の他にも，最近では，大津市議会でも会議条例制定・会議規則廃止が行われたが，果たして，会議規則を廃止することは政策法務として問題ないのであろうか？

　もちろん，この問題に関しては積極に解する有力な説[10]もあるが，筆者は，会議規則廃止は地方自治法違反であり，会議条例と会議規則は，ともに規定すべき事項を精査すべきであるとの考えである。会議条例が必要ならばそれは条例で規定すべきであるが，会議規則は地方自治法の規定による議会の意思の表示であり，会議規則で規定すべき事項も存在することから廃止せずとも，二つとも存在してもいいのではないかとの立場である[11]。

　いずれにしても，議員が条例提案をする際には，事務局の政策法務担当がどこまで関われるかは，今後の大きな課題であると思われる。

第4節　政務活動費の対応

(1)　議長の使途の透明性の確保と議会事務局の役割

　以前は，「政務調査費」として議員の調査研究活動だけを対象としていたが，地方分権の進展に応じて活動内容を強化するため，2012（平成24）年の地方自治法改正で範囲を拡大し，補助金の要請活動などの経費も対象に加え，名称も「政務活動費」と変更した。改正当時から不正受給の懸念が指摘されていたが，法改正時での国会のやりとりの中では「現行の規定における議長に対する収入，支出の報告書の提出，これに加えて政務活動費の使途の透明性の確保に努める義務を議長に課す規定を追加し，透明性を一層確保しているので，政務活動費が地方議員の第二の給与になるのではないかといった懸念には，当

10　駒林良則「地方議会法制の変容」立命館法学348号・13頁以下参照
11　吉田利宏『地方議会のズレの構造』三省堂・128頁以下参照

たらない」（議員立法のため，議案提出した国会議員が答弁）として
いた。

　この「使途の透明性の確保に努める義務を議長に課した」点である
が，議長に課された義務であれば，当然それは議長の部下である議会
事務局職員に課されたことになることを十分認識する必要がある。

(2)　第三者機関の設置

　2016（平成28）年8月に政務活動費の不正受給問題で，富山市議会
で最大会派・自民党の元会長が辞職したのを皮切りに，当時の議長を
含む12人が辞職した。その後，11月に補欠選挙が行われ，13人の新人
議員が誕生した。任期は翌年4月の改選までわずか半年足らずであっ
た。

　その後，富山市議会では，改選以後に施行すべき政務活動費の
チェック機能の強化のため，第三者機関の設置を決めたが，この機関
設置に係る費用は，議会の会派が政務活動費から負担している。

　この第三者機関の設置については，政務活動費の透明性向上を目指
し，2014（平成26）年に兵庫県議会が，いわゆる号泣議員事件等の不
適切な事務処理に対応するため，政務活動費の支給に関する条例を一
部改正し，「適正支出と使途の明確化は，会派や議員の責務」と明記
した上で，事前チェックを行う第三者機関として「兵庫県政務活動費
調査等協議会」の設置を規定した。

　筆者は，この協議会は議会に設置したいわゆる附属機関であるとの
認識であるが，残念ながら現行地方自治法上は，議会に附属機関を設
置できる根拠規定が明文では存在しないため，兵庫県議会としては，
そのような位置付けはされていないようである。

　なお，この兵庫県議会政務活動費調査等協議会は，同名の協議会が
既に東京都議会で設置されていることから，東京都議会の設置例を参
考にしたものと想定できるが，筆者は，この条例上の規定ぶりに注目
している。

　それは，先行した東京都議会のそれは，東京都政務活動費の交付に関する条例第10条の２に，「議長は，協議会を置く。」と規定されているが，兵庫県議会のそれは，同じく兵庫県政務活動費の交付に関する条例第12条により，「議会に置く」と規定されている点である。

　つまり，東京都議会の場合は，議長の私的諮問機関のような内部機関的位置付けであり，兵庫県議会の場合は，議会という機関の外に置いたいわゆる附属機関としての位置付けの問題である。

　なお，東京都議会以外にも，北海道議会や大阪府議会でも東京都議会と同様の規定があり，北海道議会は「議長は，同名の協議会を置く。」とし，大阪府議会は「議長は，学識経験者等の合議体の意見を聴くもの」としている。

　このように，東京都議会や北海道議会・大阪府議会の政務活動費に関する条例上の規定ぶりは，従来の総務省見解である通説的な「議会には執行機関のような附属機関はなじまない」を意識したものであると思われる。今後は，兵庫県議会の規定のように，議会に置いた第三者機関という，いわゆる附属機関の設置が増加してくるものと思われる。そうすれば，三重県議会が「議会は，条例に定めることにより，附属機関を設置することができる。」と2006（平成18）年に制定した議会基本条例に規定して，実際に附属機関を設置したように，多くの議会においても附属機関が設置できるように地方自治法に明文で根拠規定を規定すべきであろう。総務省もいつまでも沈黙をしていられないのではないか？[12]

　さらに，附属機関ではないが，福岡県議会は，政務活動費事前確認専門委員を委嘱している。この専門委員は，条例ではなくて要綱設置である。筆者は，地方自治法第174条に規定されている普通地方公共団体の長が選任し，長の委託を受けて必要な事項を調査する専門委員

12　西田幸介「地方議会の附属機関と自治組織」議会改革白書2016年版・生活社参照

に倣ったものと考えている。同法上の専門委員も，附属機関と同様に執行機関（長）が設置することになっていて，議会が設置できる規定は見当たらないが，これも必要があれば議会に設置しても何ら問題ないであろう。要は，地方自治法上の規定の欠落であって，附属機関同様に可及的速やかに規定が追加・整備されるべきである。[13]

　ただ，ここで注目すべきは，この福岡県議会の専門委員の場合，議長名で委嘱状が交付されているが，個々の専門委員との委託契約は，知事との契約となっている点である。そうなると，専門委員は，委託契約上は知事に対して責めを負うことになり，二元代表制上は問題なしとはしない。専門家により，事前にチェックをお願いするのだから，委嘱状を交付する議会（議長）と委託契約を締結し，議長に対してその責めを負うべきではないかと思われる。現行会計制度上，議会費についてもその支出の執行は議長が行えないので知事名での委託契約を締結しているものと推測される。

　二元代表制であれば，チェック事務を委託する議長が専門委員と委託契約を締結し，その契約事項中に，「委託費の支払は会計管理者が行う」旨の規定を設ければいいのではないか？　会計処理上，至急整理されるべき課題であろうと思われる。

(3)　議会事務局の完全管理

　政務活動費に関して議会事務局の対応は，通説的には，使途に関する最終的な説明責任は議員にあるから，議会事務局が判断するのではなく，情報提供に努めることとし，また，議員活動の自主性を尊重する観点から，調査研究活動の具体的内容には立ち入らず，収支報告書の審査は，可能な限り一般的，外形的な徹底した形式審査を行うのが相当であるとされている。これが議会事務局の役割だとされてきた。

　しかしながら，2014（平成26）年の兵庫県議会のいわゆる議員号泣

13　今村都南雄「改正自治法（2011年）の間違った解説」自治総研2012年4月号参照

事件や2016（平成28）年の富山市議会の不適切な使用問題等から，有権者の目から見れば，これでいいのかという疑問が湧いてくる。

また，2012（平成24）年の地方自治法の一部改正により，議長に使途の透明性の確保の努力義務が課せられたことから，議長の部下である事務局長以下の議会事務局職員には，使途の透明性確保は大きな問題となってきた。政務活動費に関する議会事務局の役割は，再考されなければならない状況である。

そのような中，2016（平成28）年には5月と11月に宮城県議会において，政務活動費の不適切な使用問題を追及されて議長が続けて2人辞任する事件が起こった。一連の不適切な使用問題を受けて，地元の河北新報社が事務局の意欲を引き出そうとした社説を掲載した。[14]

その社説には，「前議長から提出された領収書を見て，首をかしげた事務局職員がいたはずだ。それにもかかわらず不正支出は繰り返されていた。議会事務局が思考停止に陥り，漫然と事務処理していた結果と言わざるを得ない。切り込むべきは，ここではないだろうか。」と記されている。

筆者は，この社説を真摯に受け止め，議会事務局の役割を再考すべきだと考える。安易に第三者機関を設置して議会外の者にチェックを依存するのではなく，その前に，地方自治法に努力義務付けられた議長の使途の透明性の問題を，議長の部下である議会事務局職員の役割だと捉える考え方が必要ではないかと考えるのである。

筆者の知る限りでは，例えば熊本県議会事務局職員の担当者は，議員の支出が使途基準から判断して少しでもグレーゾーンと思われるような場合には，当該議員にはっきりと「ダメなものはダメです」と意見具申をしていたとのことである。

14　河北新報社2016年8月10日付け社説「出直し宮城県議会／事務局の意欲引き出して」

このように，議会事務局職員も政務活動費の担当者であれば，後に不適切支出であると住民から指摘される以前に，事務局のチェック機能を果たすことが地方自治法上の趣旨ではないかと思われる。

そこで，政務活動費の支出をする場合には，事前に事務局の了解を得なければ支出できないようなシステムを構築すべきではないか。もちろん，議員の政務活動の内容には立ち入れないが，支出に関しては議会事務局の完全管理の下に置くようにしてはどうか。

ただし，議会事務局の構成人員数は限られていて，更にチェック機能まで十全にしようとすれば人員増を図らなければならない。そのため，数年前の兵庫県議会や2016（平成28）年の富山市議会などでは，チェック機能の強化のため議会事務局の人員増が図られているが，首長等執行機関は，議会事務局が増強されることを基本的には望んでいない。政務活動費に関して，議会事務局が法の趣旨に即して機能を発揮しようとすれば，人員増を議会から提案して実質的に人事権を行使する首長の了解を得る必要がある。首長側の職員の理解も課題であろうと思われる。

第**5**節　議会事務局職員の意識改革

議会事務局に関しては地方制度調査会の答申において，「専門的能力を有する職員の養成・確保のための方策を検討するなど，議会事務局の補佐機能や専門性を図るべきである。」（第28次答申，2005年12月），「議会の政策機能や監視機能を補佐する体制が一層重要となる。政策立案や法制的な検討，調査等に優れた能力を有する事務局職員の育成や，議会図書室における文献や資料の充実など議会の担う機能を補佐・支援するための体制の整備・強化が図られるべきである。」（第29次答申，2009年6月）等，現実的には答申は出されるだけで多くの自治体議会においては，議会事務局の状況は一向に変わっていないようである。議会事務局

職員の意識改革が必要である[15]。

　現状では議会事務局改革については，その組織決定権を実質的に有する首長をはじめ執行機関側は，余り積極的ではないと言える。また，議会事務局職員は，「議員が本気にならない以上，議会改革は難しい」と手を付けるのをやめるのではなくて，二元代表制の下で，議員と共に力を合わせて積極的に議会改革に取り組んでいくべきであり，真の議会改革が成果を上げるためには，職員も議員と共に住民の負託に応えるべき職務を全うするという意識を持つように，議会事務局職員の意識改革が極めて重要である。

　なお，職員の意識改革のためには，具体的なアクションが必要であるが，例えば，「議会と議会事務局が車の両輪論」を基礎に，議会事務局改革を進めていくべきであるといった視点も参考にすべきである[16]。

　また，議会事務局職員の意識改革において，近時の議会基本条例の議会事務局に関する規定において，議会事務局職員の職務専念義務といった文言を規定した事例がある。例えば，富岡市議会基本条例（2013（平成25）年4月1日施行）の第19条である（第V講第4節参照）。

　　（議会事務局の体制整備）
　第19条　議会は，議会及び議員の政策立案機能を高めるため，議会事務局の調査及び法務機能の強化に努めるものとする。
　2　議会事務局の職員は，常に議会の活性化，充実及び発展を心がけ，職務を遂行するものとする。

　なお，いなべ市議会基本条例（2017（平成29）年4月1日施行）第30条にもほぼ同様の規定がある。

　さらに，議会事務局職員は，「議員のパートナー」と定める議会も現れた（茨城県美浦村議会基本条例第12条第4項）。

15　髙沖秀宣「議会改革は議会事務局改革が急務」自治日報2013年11月15日参照
16　江藤俊昭『自治体議会学』ぎょうせい・200頁参照

「議会事務局の職員は，議員のパートナーとして，議員を補佐するのみにとどまらず，執行部とのパイプ役に努め，ともに村民生活の安心・安全の向上という議会の使命を果たすべきことを自任し，職務に当たるものとする。」

このように，法的には議長の指揮命令系統下にある事務局職員に「パートナー」というステータスを与える条例は注目される。こういう規定があれば，議会事務局職員の意識改革も進むだろう。ただ，美浦村議会の議員と事務局職員の関係が，全ての自治体議会に当てはまるかと言えば，いわゆる大規模な自治体議会では状況も異なると思われる。

筆者の三重県議会事務局職員としての経験によると，県議会議員に対してはとても「パートナー」という立場では接することができず，やはり議長は，事務局長を通じての上司であり，議員とは，法的には直接の上下関係はないものの，「パートナー」というよりも，従来からの「先生」という呼び名の方がよりピッタシの感覚であった。なお，議員を「先生」と呼ぶことには，比較的小規模自治体議会関係者によっては批判があることは承知しているが，大規模自治体議会の議員は，やはり社会的指導者として「先生」と呼ぶことがふさわしいという感覚が強いと思われる。もちろんこの場合には，議員に社会的指導者と呼ぶにふさわしい言動を期待していることは自明の理である。

第6節　議会事務局職員のネットワーク

(1)　議会事務局職員の研究会

江藤俊昭『地方議会改革』学陽書房では，「議会事務局職員の独自研究も始まっている。議会の重要性は，徐々にではあれ，認知されてきた。それを支援する議会事務局職員の熱い想いに耳を傾け，議会事務局を充実させる制度改革を推進することは，地域民主主義にとって不可欠である。」と記述され，「議会事務局職員のネットワーク組織（議会事務局研究会）が設立された。そこから議会事務局改革の提案

「今後の地方議会改革の方向と実務上の問題，特に議会事務局につい
て」も行われている。」と注記されている。

　また，宇賀克也『地方自治法概説　第 7 版』有斐閣においても，
「議会事務局改革のあり方について多面的に検討したものとして，議
会事務局研究会最終報告書「議会事務局新時代の幕開け」（2011年 3
月）（研究代表：駒林良則立命館大学法学部教授）参照。」とあるよう
に，議会事務局職員のネットワーク組織の設立が注目されるように
なってきた。

　筆者も所属する「議会事務局研究会」は，自治体議会を支える条件
整備として，議会事務局の体制強化が不可欠であることから，議会事
務局はどうあるべきかを実務面から探るために，駒林良則・立命館大
学教授の呼び掛けに議会事務局に関心を持つ者が集まり，2009（平成
21）年 3 月に発足し，主として関西地区で活動している。

　一方，2011（平成23）年 6 月には，関東の自治体事務局職員等によ
り，「議会事務局実務研究会」が結成され，政策法務的な実務研究を
行っている。

　この二つの研究会の動きを受けてか，2013（平成25）年 2 月には，
岩手県市議会事務局職員の研修事業の発展系として，「いわて議会事
務局研究会」が発足し，2016（平成28）年には同様に，滋賀県市議会
議長会が県内市議会事務局職員の連携により，「軍師ネットワーク」
事業を開始した。同時期には，北海道において，「実務をふまえた理
論」の形成と「理論をふまえた実務」の構築を目指して，「議会技術
研究会」が活動を開始した。今後の進展が期待されるところである。

⑵　**議会事務局シンポジウムの開催**

　2016（平成28）年 1 月に，自治体議会に議会基本条例が誕生して10
年を記念して，先行して設置された「議会事務局研究会」，「議会事務
局実務研究会」及び「いわて議会事務局研究会」が共催して，「 3 事
務局研究会合同シンポジウム」が大阪市で開催された。「議員と事務

局の協働の在り方」がテーマとなり，～第二段階に入った議会改革の進展と議会の信頼をどう確保するか～が議論され，「第二段階に入った今後の議会改革において，議員と事務局職員がどう連携し，住民と共に発展させていくかが課題である」との問題提起があった。

　また，2017（平成29）年５月には岩手県北上市において《議会事務局シンポジウム》が開催され，そこでのテーマは，「議会改革第二ステージと議会事務局のカタチ・シゴト」であり，先の３研究会以外に「軍師ネットワーク」と「議会技術研究会」も名を連ねた。

　いずれのシンポジウムも，全国の自治体議会において議会事務局や事務局職員に関する課題や問題点が提起され，それを共有しながら自分が属する議会においてどのような解決策に結び付けていけばよいかを考える絶好の機会であると捉えることができる。いわば「議会事務局新時代」の到来を予感させるものであると言える[17]。

　また，2018（平成30）年11月には，第３回目となる議会事務局シンポジウムが札幌市で開催される予定であり，今後，議会事務局職員のネットワークはどんどん広がっていくものと思われる。

⑶　今後の課題

　議会基本条例制定後10年以上が経過した現在，先のシンポジウムでも，「第二段階に入った議会改革」とか「議会改革第二ステージ」と言われるように，今後は以前よりもステージアップし，中身を充実させた議会改革の実践が要請される。しかし，筆者が気になるのは，都道府県議会や政令市議会等のいわゆる大規模自治体議会の事務局職員の参加が極めて少ないことである。

　大都市や広域自治体，いわゆる大規模自治体議会は，一部を除いて改革が余り進んでいない現状がある。この理由に，一つには規模が大きく，議員の数が多い。二つ目には，大規模になればなるほど会派の

17　髙沖秀宣「議会事務局新時代の到来」自治日報2017年６月23日議会欄参照

存在が大きな位置を占めていくことになり，会派の在り方によっては，改革とは逆の流れさえ出ているところもあるようだ。

　また，一般的に大都市や都道府県レベルの議会改革が遅れているのは，住民との距離が遠いからであるという意見もある。

　さらには，政令市と都道府県の議会事務局は，事務局職員の人数規模も大きく，一般市の議会やましてや町村議会事務局ではできない政策立案・政策評価や専門能力のある職員のサポートを得ながら議会機能を強化していく方向があるのではないかとの指摘もある。

　なお，先に述べた2018（平成30）年11月に札幌市で開催予定の第3回の議会事務局シンポジウムでは，この大規模自治体議会の改革についても議論される予定である。

　いずれにしても，今後は，いわゆる大規模自治体議会の改革に関しても議会事務局職員の果たすべき役割は重大であると言える。

(4)　大規模自治体議会の改革

　大規模自治体議会の改革すべき方向性の一つとして，政策形成機能をどう充実させるかだろうという指摘[18]がある。それによると，常任委員会レベルで所管する分野のテーマを絞って政策形成に向けた会派横断的な議論をし，それに事務局も関与して，委員会からの条例案の提案に結び付けていくことが望まれるとしている。

　また，大規模自治体議会では，法務能力を有する職員を配置できる人的余裕があるので，そうした職員を会派が政策形成する際にも活用すべきであろう。会派レベルの政策形成について，事務局としても積極的に関与すること，踏み込んで言えば，会派を政策集団と捉えて事務局と一体となって取り組むことが必要ではないかとしている。

　もちろん，会派というものを地方議会の重要な構成単位として法的に明確に位置付けるといった整備も必要であるが，会派の活動につい

18　駒林良則「大規模自治体議会の改革を考える」自治日報2018年2月23日議会欄

て，公開性・透明性を一層高めることが提案されている。

　この指摘に関して，筆者も会派レベルの政策形成については議会事務局ももっと積極的に関与すべきではないかと考えている。一般に多くの自治体議会では，事務局の関与としては「議会」全体の事務を処理すべきで，「会派」という中にはいわゆる政治的色合いが濃いものに対しては，必要以上に入り込まない方が無難であるといった自制心が働いているように思われる。このことが，例えば会派単位で政策提案条例の検討を進めていく上で，議会事務局が余り関与していないという実態と結び付いているのではないかと思っている。

　したがって，現行の法制度上では，「会派」については政務活動費の交付先ぐらいしか規定されていないが，今後においては議会基本条例に「会派」について規定する場合には，会派の政策立案についても規定することとし，その場合には，「議会事務局も積極的に関与して議会として成果を上げるように努める」というような規定を設けるべきである。

コラム　議会は自治の問題⑦

〈「議会局」よりは「議会政策局」を志向すべき！〉

　最近は議会が積極的に議員提案・委員会提案をサポートするための手法や政策法務機能を担うようになってきたが，そうした意欲の表れとして「議会事務局」ではなくて，「議会局」設置が注目されるようになってきた。東京都議会，神奈川県議会，横浜市会，川崎市議会，さいたま市議会，平塚市議会，大津市議会などは既に「議会局」を設置している。

　このうち東京都や神奈川県では，知事部局で「総務局」，「政策局」と局制度を採用しているので議会事務局も「議会局」としていると思われるが，平塚市や大津市は，市長部局では，「部」編成ではないかと思われる。

　せっかく事務局編成を考えるならば，これからの議会は政策を議論

していくことから，「議会局」よりも思い切って「議会政策局」に編成した方がより意欲的ではないかと思われる。

第Ⅷ講　自治体議会と住民

本講のポイント

第1節　住民参加型議会の構築

1)　自治体議会と住民の問題に関しては，いかに議会への住民参加を促進できるかがカギとなり，議会機能をより一層発揮していくためには，議会への参加の充実を図り，多様な民意を議会における審議・議決に反映していくことが求められる。

2)　議会への政策決定過程への住民参加として，地方自治法上は，公聴会制度や参考人制度が規定されている。特に，公聴会制度の活用については，多くの議会で消極的であるが，一つには，通年議会制を導入して会期日数を増やし，議案審議時間を確保すべきである。

3)　近年，自治体議会議員のなり手不足解消のため，夜間議会や休日議会の提案も見られるが，女性や勤労者が議員として活動しやすくするためとか，傍聴者数を増やすためにも主張されている。この問題は，自治体議会議員は専業か兼業も可であるかという自治体議会の在り方とも関係する重要なポイントであり，慎重な検討を要する課題である。

4)　自治体議会の政策形成過程における住民参加が注目されており，政策サポーター制度を実施している長野県飯綱町議会では，町民目線を議会としても取り入れ，町民と議会が協働で政策づくりを進めている。

第2節　議会報告会・住民意見交換会

1)　住民が議会に直接民意を表明できる場として，議会報告会や住民意見交換会を開催する議会が増えているが，今後は，開催する意義を改めて認識し，議会としてどのようにすれば住民意思の把握，反映につながるか，その効果的な運営方法に留意し

て活用を図っていくべきである。

2) 鳥羽市議会「ＴＯＢＡミライトーク」や久慈市議会「しゃべり場」等は，開催を希望する団体等を募集し，申込者が希望するテーマを中心に議員と自由に懇談するスタイルとした。

第3節　住民からの政策提言の活用

1) 多くの自治体議会では，議会基本条例で請願・陳情を住民からの政策提言と受け止めるように規定しているが，その提案の趣旨を生かした政策立案・政策提言がなされていない場合が多い。

2) 当該請願の趣旨が条例制定の場合，採択するならば，議会でその条例案を検討し，少なくとも請願の趣旨を生かした条例案の骨子だけでも作成して首長に政策提言すべきである。

第4節　議会・議員活動の評価

1) 議会基本条例の登場によって，議会改革は一段と前進したと言われるが，次の段階の課題として「議会・議員活動の評価」が挙げられる。

2) 議会・議員活動の評価は，所沢市議会のように議会運営委員会委員長や広報委員会委員長が行う自己評価の他に，旭川市議会のように，まず議会として自己評価を行い，それを素材として外部評価を実施している議会もある。今後は，外部専門的知見の活用を図っていくべきである。

第5節　住民（有権者）改革

1) 高校等で主権者教育を受ける18歳に対して，大学等に進学した19歳については，主権者教育がなされていない実情があることが指摘されていて，大学でも高校生と同様に主権者教育を導入するのも一方法であり，啓発と投票環境の整備が重要な課題である。

2) 総務省の提言書では，自治体議会の選挙制度は，まさしく民

主主義の根幹に関わる問題であって，どのような代表制が望ま
しいかについては，最終的には有権者自身の決定に委ねること
がふさわしいとされている。

第❶節　住民参加型議会の構築

⑴　議会への住民参加の促進

　自治体議会と住民の問題に関しては，いかに議会への住民参加を促
進できるかがカギとなる。住民から信託を受けた議会は，いかに住民
の意見，いわゆる民意を議会に反映できるかが重要な役割・課題であ
り，その議会機能をより一層発揮していくためには，一つには議会へ
の住民参加の充実を図り，多様な民意を議会における審議・議決に反
映していくことが求められる。

　このため，議会の政策過程への住民参加として，地方自治法では公
聴会・参考人制度が規定されている（同法第115条の２参照）。

　また，住民を代表する自治体議会の議員に幅広い人材を確保できる
ように，女性や勤労者が議員として活動する上での便宜に資するよう
夜間・休日等に議会を開催するなどの運用上の工夫をすべきではない
かとの意見がある。さらに，制度面では勤労者が在職しながら議員に
立候補でき，議員として活動できるような環境の整備も検討すべき課
題であるとの意見もある。

　最近の自治体議会基本条例においては，議会報告会や住民との意見
交換会などの実施を規定する議会が多くあるが，議員個人や会派単独
ではなく，合議体の議会として条例・予算など議決事項やその他議会
活動について，住民への報告や議会と住民との意見交換を実施する取

組が広がっている。

　この場合においては，単に住民の多様な意見の把握に資する取組と捉えずに，住民ニーズをつかんだ上で，そのニーズに合った政策提言の型に仕上げるなど，自治体の政策形成に関与していくことが議会の役割であると意識すべきである。

(2)　参考人・公聴会制度の活用

　議会は，いかに民意を反映できるかが重要な役割・課題であり，その議会機能をより一層発揮していくためには，一つには議会への住民参加の充実を図り，多様な民意を議会における審議・議決に反映していくことが求められる。

　このため，議会の政策決定過程への住民参加として，地方自治法では公聴会・参考人制度が規定されている。議案，請願等の審査を行う委員会レベルでの住民参加だけでなく，本会議においても積極的な活用を図るべきである。

　全国市議会議長会の実態調査結果（2016（平成28）年10月）では，2015（平成27）年中に常任委員会における公聴会の開催事例は1件，参考人の招致事例は434件あり，特別委員会では公聴会開催事例はゼロで，参考人の招致事例は131件となっている。

　また，全国町村議会議長会の実態調査結果（2017（平成29）年2月）では，公聴会の開催は，本会議・委員会ともになく，参考人招致の事例は，本会議で12回，委員会で124回となっている。

　全国の自治体議会では，特に公聴会制度の活用について消極的であり，この点について筆者は，多くの議会で現行の会期日数が定例会年4回制であれば，実際に審議すべき時間が不足して公聴会開催まで至らないのではないかと考えている。地方自治法に規定されている公聴会制度を活用するためには，通年議会制度を導入して会期日数を増やし，議案審議時間を確保すべきであろう。

　この公聴会制度の活用に関して，大森彌・東京大学名誉教授の指摘[1]が参考になる。少し長い引用であるが，その要点は以下である。

　「地方議会を改革していくには，議会が住民参加の直接回路を充実させることが大切である。しかし，どうして，地方議会が公聴会制度の活用に無関心ないし消極的なのか。……わが国の地方議会では，首長（執行機関）に予算案をはじめとして議案の提案権をもたせ，しかも，首長は議会に出席して議案に関する説明をすることができる。その意味で，アメリカの議会が公聴会を必要とした理由がわが国の地方議会にはないのである。執行部が議案に関する説明のために議会にでてくるのであるから，わざわざ公聴会を開く必要はないのである。わが国では，公聴会制度は，当初から軽視されやすかったと言えようか。執行機関側は，必要なら，民間の学識経験者や利害関係者の意見を審議会等の参加制度を通して議案の作成段階で聴けば済むと考えている。

　しかも，委員会条例で面倒な手続きを定めていることもあって，公聴会はめったに開かれない。……。

　そこで，こうした事態を打開するため，わが国の地方議会の場合は，公聴会の開催は，執行部の喚問ではなく，住民の意思を議会に反映させる機会を設けるためだと積極的に考えるのである。議会が，公聴会の意義をそう考え，簡便な手続きで開催できるようにしなければ活用されようがないのである。公述人の範囲は『真に利害関係を有する者又は学識経験を有する者等』とされているが，一般の住民や案件に深い関心を持つ人も公述人たりうるのである。柔軟に考えてよいのである。

　公聴会は議案を委員会で審議する前に，いわば『勉強会』のようなものだと考え，住民から直接意見を幅広く聞くことができる点で議員にとって大いにプラスになるし，必要な情報・知識を得た上で委員会

1　大森彌「地方議会はどうして公聴会制度を活用しないのか」自治日報2013年9月20日

審議に臨むこともできるではないか。

　しかも，公聴会では，だれでも自由に出入りでき傍聴できるように
しておけば，議員と住民が，公の場における距離を縮めることができ
る。手始めに，陳情や請願に関し，委員会審査においては必ず提出者
に発言機会を認めてはどうか。こうした議会改革を行ってこそ，住民
は，議会を自分たちの議会と実感できるようになろう。議会側は住民
参画を代表機関としての基礎の強化に活用するのである。」

　なお，地方自治法上の公聴会制度ではないが，長崎県小値賀町議会
では，「模擬公聴会」制度を実施している。これは，議員の一般質問
の後，傍聴に来た住民に発言の機会を与える制度である。こういった
取組を実施することも住民参加を促すことになるのではないか。

⑶　**夜間議会・休日議会**

　住民を代表する自治体議会の議員に幅広い人材を確保できるように，
女性や勤労者が議員として活動する上での便宜に資するよう夜間・休
日等に議会を開催するなどの運用上の工夫をすべきではないかとの意
見がある。

　なお，制度面では，勤労者が在職しながら議員に立候補でき，議員
として活動できるような環境の整備も検討すべき課題であるとの意見
もある。

　全国市議会議長会の実態調査結果（2017（平成29）年10月）では，
2016（平成28）年中の夜間議会の開催事例は，3市3件あり，休日議
会の開催事例は，19市21件あった。

　また，全国町村議会議長会の調査結果（2018（平成30）年2月）で
は，2016（平成28）年中では，夜間議会の開催事例は14町村，休日議
会の開催事例は27町村であった。

　夜間議会・休日議会を開催する意義としては，議員が兼業できるた
めか，傍聴者を増やすためであるかは意見が分かれるところであるが，
住民にとっては仕事や学業のため，議会の傍聴に行きたくても行けな

いという声は多く，全部ではなくても要所要所で夜間議会か休日議会
を開催してみてはどうか，また，住民に関心を持ってもらうためには，
あらゆる手段を講ずるべきだという意見もある。

　また，近年自治体議会議員のなり手不足の解消という理由で，夜間
議会や休日議会を提案する議会も見られる。長野県喬木村議会では，
2017（平成29）年12月議会から，日程の大半を夜間・休日に開催する
改革に乗り出した。これは現役世代が本業と議員を両立しやすくする
狙いである。

　ただし，夜間・休日議会が，なり手不足の解消に直結するかは未知
数である。また，この問題は，自治体議会議員は専業か兼業も可であ
るかという自治体議会の在り方とも関係する重要なポイントであると
考えられる。今後，慎重な検討を要する重要な課題であろうと思われ
る。

⑷　議場外での住民参加

　参考人・公聴会制度や夜間議会・休日議会以外でも，議会外での住
民参加を推進していく必要があろう。近年はその中でも，自治体議会
の政策形成過程における住民参加が注目されている。

　長野県飯綱町議会では，2010（平成22）年から政策サポーター制度
を実施している。議員の政策立案能力の向上と議会への住民参加を目
的とした，町民による「政策サポーター制度」である。町民の目線を
議会としても取り入れ，町民と議員が協働で政策づくりを進めようと
いう新しい試み・挑戦である。

　具体的には，公募したサポーターなど12名と議員15名が「行財政改
革研究会」と「都市との交流・人口増加研究会」の二つに分かれ，協
働でそれぞれ7〜8回の会合を重ねて，現状分析や問題点の解明から
始めて，政策課題の整理に向けて活発な自由討論を進めて政策提言書
を作成し，町長に提出して回答を求めた。また，政策提言を掲載した

「議会だより」特別号を発行し，全世帯に配布した。[2]

第2節　議会報告会・住民意見交換会

　住民が議会に直接民意を表明できる貴重な場として，議会報告会・住民意見交換会等を開催する議会が増えている。議会基本条例でその開催を規定する（義務付ける）議会もある。

　全国市議会議長会の調査結果（2016（平成28）年10月）では，2015（平成27）年中に議会基本条例に基づく議会報告会を開催したのは335市議会，申合せ等に基づく議会報告会を開催したのは68議会であり，全市議会の半数近くが開催していた。

　また，議会報告会には幾つかの課題もあり，開催するが参加者数が減少傾向であることや，その参加者の属性に偏りが見られることはよく知られている点であり，議会報告会はそもそも必要なのかという疑問も，大規模議会などから指摘されているようだ。

　今後は，議会報告会を開催する意義を改めて認識し，議会としてどのようにすれば住民意思の把握，反映につながるか，その効果的な運営方法に留意して活用を図っていくべきである。

　最近の議会報告会に関連して注目すべき取組として，三重県鳥羽市議会の「ＴＯＢＡミライトーク」と久慈市議会の「ギカイと語ろう"しゃべり場"」が挙げられる。

　鳥羽市議会では，2009（平成21）年から町内自治会や各種団体を対象とした議会報告会を実施してきたが，若い人や女性の参加者が少ないこともあり，多様な意見の把握が課題となっていた。そこで，広報広聴委員会で議会報告会の在り方について協議した結果，従来の議会報告会を新たに「ＴＯＢＡミライトーク」として再始動し，市民のもとに議員を

2　寺島渉「『政策サポーター』とともに政策提言を作成」議会改革白書2011年版・生活社

派遣することにした。

　対象となるのは，市民団体や事業所等5人以上のグループが市内で実施する集会へ議員を派遣し，これまでのような対面方式ではなく，グループディスカッション方式を基本とするものである。テーマは，①移住・定住，②子育て支援・教育，③産業振興・雇用，④高齢者・障がい者福祉，⑤環境・まちづくり，⑥防災，⑦その他，となっている。

　また，久慈市議会では，これまでの「議会報告会」を親しみのある名称に変更し，気軽に「しゃべり場」として市民により近い方式とした。具体的には，開催を希望する団体等を募集することとし，申込者が希望するテーマを中心に，議員と自由に懇談するスタイルとした。

　鳥羽市議会も久慈市議会も，従来の議会報告会のように，議会からテーマを決めて開催するのではなく，市民団体等の開催要望を受けて議員を派遣するというスタイルとした点が共通している取組である。

第3節　住民からの政策提言の活用

　住民からの政策提言については，「第1節(4)議場外での住民参加」でも触れたが，多くの自治体議会では，議会基本条例で「請願・陳情を住民からの政策提言と受けとめ，……」と規定して，請願・陳情を住民からの政策提言として活用を図ろうとしている。

　しかしながら，現実は，住民から格好の政策提言のネタになると思われる請願・陳情が提出されても，肝心の議会がその請願・陳情を採択し執行機関に送付するのみで，そのネタを政策立案・政策提言として首長に提案するということがなされていない状況がある。

　筆者が実際に経験した事例では，三重県津市議会へ市民から「ペット霊園等の設置に関する条例の制定を求める請願」が提出され，議会で採択された。[3] 三重県では津市に近隣する伊賀市や名張市において先行する

3　2014年9月11日津市議会経済環境委員会（2014年9月18日付け三重ふるさと新聞）

条例が施行されていたので，その請願には実現可能性が期待されたが，津市議会は採択した請願を市長に送付しただけであり，送付を受けた市長側も請願の趣旨である条例制定には至らなかった事例がある。

　この事例の場合であるが，当該請願の趣旨が条例制定ならば，なぜ議会として条例制定の検討を行わなかったのか？　確かに議会で議員提案の政策条例を検討する環境が不十分であることは割り引いても，近隣の市において先行条例が施行されているならば，議会でその条例を検討し，少なくとも請願の趣旨を生かした条例案の骨子だけでも作成して，市長に政策提言すべきである。

第4節　議会・議員活動の評価

　2006（平成18）年の議会基本条例の登場によって議会改革は一段と前進したと言われるが，以後10年以上が経過し，次の段階の課題として「議会・議員活動の評価」が挙げられる。

　議会・議員活動の評価を住民に知らせるには，議会だより，議会・議員白書，ホームページを活用したり，議会報告会での報告が有用とされる。その内容は当然，議会・議員活動の実態報告だけでなく，目標とその成果が明記されることが要請されている。

(1)　徳島県議会

　徳島県議会基本条例第30条では，「議会改革行動計画」を策定するものとし，議員が改選されるごとに見直すものと規定し，これに基づいて評価を行っている。その行動計画は，通年及び通任期を意識し，議員任期中の4年間を行動計画期間としている。そして，平成23年度に設置した「議会改革検討会議」においては，議会改革を積極的に進めるために，「議会機能の強化」，「効果的な議会運営」，「開かれた議会」の三つの重点戦略の下に55項目の主要課題を掲げ，それぞれ数値目標が明記され，これに基づいた実践をして通年での評価が行われている。

　さらに，2015（平成27）年４月からの新たな任期において取り組む
べき主要課題やその数値目標を定めた「議会改革行動計画（第２期）」
では，「議員の提案，請願に対する賛否状況の公表」，「出前委員会
（意見交換会）の実施」，「議員提案政策条例の検証」などを新たに実
施することとした。

　なお，この計画の進捗に当たっては，改選期ごとにその進捗状況を
公表し，また，特に数値目標の達成状況については毎年度当初の会
長・幹事長会において報告を行い，着実な推進を図るとしている。

⑵　旭川市議会

　旭川市議会基本条例第19条では，議会運営の評価及び検証について
規定しているが，まず，議会として自己評価を行い，それを素材とし
て外部評価を実施している。議会基本条例に対する議会の自己評価の
検証を第三者機関に委ねている。平成25年度に始め，平成27年度には
第２回の外部有識者による外部評価が行われた。

　外部評価は，外部評価委員（大学名誉教授等３名）によるヒアリン
グ等も実施され，検証の結果は，全体として自己評価の内容は「おお
むね妥当」と判断されているが，議会から提示された11の評価項目に
ついて，それぞれ検証を行い，「一部の項目については議会がどのよ
うな取組をしたのかなどの内容が見えてこないことから，市民に分か
るように，評価結果の説明欄には具体的な記載を求めたい」などの評
価方法の改善なども指摘されている。この外部評価委員は，地方自治
法第100条の２に基づく専門的知見の活用とされているが，今後はこ
のような外部専門的知見の活用はどんどん図っていくべきであろうと
思われる。

⑶　所沢市議会

　所沢市議会では，現在行っている様々な議会活動について，毎年度
自己評価を実施しており，評価については，評価にとどめることなく，
今後の取組に生かし，更なる改善を図っていくものとしている。

　評価を行う目的は，「議会事業についての説明責任を果たす」，「議会事業の改善・効率化」，「予算編成における資料」の三つを挙げている。

　また，評価の方法は，

1　議会で実施した事業のうち数事業を選び，それぞれの事業を「拡充」，「継続」，「改善」，「縮小」，「終了」，「廃止」で評価する

2　議会運営委員会では，対内的事項の評価（一問一答方式，政策討論会，その他の新規事業等）を行う

3　広聴広報委員会では，対外的事項の評価（市議会だより作成・配布，インターネット中継，議会ポスター，その他の新規事業等）を行う

としている。

　2013（平成25）年4月1日からは，更に実効性を高めるために所沢市議会議会評価実施要綱を制定し，議会運営委員長及び広聴広報委員長がそれぞれ所管した事業等について自己評価を行い，その結果を取りまとめた報告書を公表している。

(4)　北海道福島町議会

　福島町議会では，議会白書の刊行を議会基本条例に規定し，議会・議員の評価等を1年ごとに調製し，議会白書として町民に公表している。

　※　福島町議会基本条例

　　　（議会白書，議会・議員の評価）

　第17条　議会は，町民に議会・議員の活動内容を周知し，情報を共有することにより，議会活動の活性化を図るため，しっかりと現状を把握し議会の基礎的な資料・情報，議会・議員の評価等を1年毎に調製し，議会白書として町民に公表する。

　2　議会は，議会の活性化に終焉のないことを常に認識し，議会評価を1年毎に適正に行い，評価の結果を町民に公表する。

　3　議員は，複数の町民の代表者を擁する議会の一員をなしている
　　ことから，多様な議員活動の評価については，自己評価として1
　　年毎に町民に公表する。
　4　議会白書，議会の評価，議員の評価に関する必要な事項は，福
　　島町議会運営基準（平成13年議会基準第1号）で定める。

　「議会白書」の具体的な内容は，「議会の運営に関する基準」（同条
第4項）に定められているが，「開かれた議会づくりの足どり」，「開
かれた議会づくりの実践」から始まり，「議会白書」として本会議の
審議，常任委員会等の活動，議会の活性度・公開度・報告度・住民参
加度・民主度・監視度・専門度，事務局の充実度，適正な議会機能そ
れぞれの実態が掲載されている。その他，資料も豊富である（議会に
よる行政評価＝事務事業評価，議会報告会，諮問会議の答申，政務活
動費，福島町議会を視察した市町村等，会議・行事等の出席状況，議
長・副議長の出張等，議会の評価・議員の自己評価の結果）。
　「議会白書」は，議会改革の評価であるとともに，住民福祉の向上
への評価を含んでいる。例えば，議案に対する賛成討論・反対討論が
簡潔にまとめられている。
　また，議員個人の公約への評価（自己評価）も掲載されている（議
会基本条例第17条第3項。ただし，全議員が自己評価を行っているわ
けではない。）。
　したがって，「議会白書」は二つの領域と三つの層のうち単に議会
改革だけではなく，議員活動の実践や成果も含まれている。「白書」
という言葉を意識して1年ごとの評価を強調しているが，継続的に白
書を読めば通任期の評価となる。管見の限りでは，これは最も体系的
な議会・議員白書ということができる（江藤俊昭『議会改革の第2ス
テージ』ぎょうせい・170～171頁）。

第⑤節　住民（有権者）改革

⑴　18歳投票権

　18歳選挙権の導入後，初の国政選挙となった2016（平成28）年7月の参議院議員選挙では，18歳の投票率は全国集計で51.28％を記録したが，19歳は約9ポイント低い42.30％だった。この参院選に限らず，他の首長選挙でも19歳の投票率は，18歳を10ポイント前後下回ったところが多かったようであり，これまでの国政選挙や地方選挙を見ると，19歳の投票率は，18歳を下回る傾向にあるようだ。[4]

　これに関しては，高校等で主権者教育を受ける18歳に対して，大学等に進学した19歳については，主権者教育がなされていない実情があることが指摘されている。少しでも投票率アップを望むならば，例えば，大学で高校生と同様の主権者教育を導入するのも一方法であり，また，大学内に投票所を設置したり，都道府県の選挙管理委員会では，高校等で「出前授業」を実施するなどの啓発と投票環境の整備が重要な課題である。

⑵　地方選挙制度改革

　2017（平成29）年7月，総務省「地方議会・議員に関する研究会」（座長：大橋洋一・学習院大学教授）による「地方議会・議員に関する研究会」報告書が提出された。研究会は，選挙制度の改革案を提示する一方で，「選挙制度は，まさしく民主主義の根幹に関わる問題であって，どのような代表制が望ましいかについては，法律により一定の枠組みを規定しつつ，最終的には有権者自身の決定に委ねることがふさわしい」として，「選挙制度選択制」を提言した。

　この報告書は，「地方議会の議員数は減少傾向にあり，投票率も低下の一途であるなど，住民の関心の低さ，なり手不足は深刻な問題と

4　神戸新聞記事2017年10月11日

なっている。」として，「住民の関心の低さ」等の課題認識の下で，「そうした中で，住民の関心を喚起し，地方議会の存在感を高められるよう，次の観点から，「実効的な代表選択」を可能とする選挙制度について議論を深める必要がある。」とした。

そして，次の観点としては，以下の4点を踏まえ，都道府県議会と市区町村議会に分けて整理・検討を行っている[5]。

①　選択ができるだけ容易なこと（投票容易性）。

②　政策についての実質的な比較衡量ができること（比較可能性）。

③　選挙結果についての納得性が高いこと（納得性）。

④　有権者の投票参加意欲が高まること（投票環境）。

この報告書でも指摘されているように，自治体議会議員の選挙制度は，まさしく「民主主義の根幹に関わる問題」であって，どのような代表制が望ましいかについては，最終的には有権者自身の決定に委ねることがふさわしいとして，有権者が考えなければならない問題だとされている。

言われるまでもなく，自治体議会議員選挙については，以前から議会への女性参加が諸外国に比べて極端に少なく，全国の1,800弱の市区町村議会のうち，女性議員が一人もいない「女性ゼロ議会」が約2割を占めている。このため，地方の人口減少や若い女性の都市部への流失が課題となる中，身近な政策を決める自治体議会の五つに一つは女性不在という現状に，女性の政治参加を促す仕組みの構築を求める声が挙がっている。

また，意思決定の場に女性と男性がバランスよく参画することは望ましいことではあるが，女性議員の増加に関しての方策については，いろいろな課題があり，具体的には実施されていない。

そこで，我が国の自治体議会制度を変えるためには，選挙制度を見

直すことが主張されており，例えば，男女同数の議員を確保するために，フランスの地方議会の選挙で実施されているように男女ペアの立候補制度を導入することや，公職選挙法を改正して議員定数の中で女性の人数を決めてしまうことなど，抜本的な見直しを検討してみてはどうかとの意見もある。[6]

コラム 議会は自治の問題⑧

〈議会の評価は誰がすべきか？〉

　第Ⅷ講第4節では議会・議員活動の評価を取り上げているが，議会の評価は誰がするのが最も適切なのかという問題はある。議会基本条例を制定した場合には，条文に議会・議員が行うとか，まず自己評価を行った後，外部評価を実施するとか，議会によって種々書き込むことができる。

　2006（平成18）年に三重県議会が都道府県議会で初めて議会基本条例を制定した際にも議論された論点である。当時筆者は，議会基本条例に附属機関を設置できるとするなら，その具体的な機関として，「議会評価委員会」を設置すると規定すべきであると考えていたが，残念ながら実現されなかった。あれから十数年たつが，今後，議会基本条例を制定するならば，是非，議会の附属機関として外部機関である「議会評価委員会」を設置して外部評価を行う旨の規定を盛り込んだ議会基本条例が制定されるべきではないかと期待している。

6　「議会への女性参加と選挙制度」三重県地方自治研究センター『市町議会の在り方に関する研究会』【報告・提言】14頁参照

第Ⅸ講　政務活動費の活用

本講のポイント

第1節　政務活動費とは何か

1)　政務活動費とは，議員の調査研究その他の活動に資するため，経費の一部として交付されるものである。

2)　自治体議会の活性化を図るためには，審議能力を強化していくことが必要不可欠であり，その調査活動基盤の充実を図る観点から，自治法上制度化されている。

3)　政務活動費の交付を受けた議員又は会派は，その収入及び支出の報告書を議長に提出するものとされ，議長は，使途の透明性確保に努めるものとする。

第2節　政務活動費の適切な使用

1)　政務活動費は，「調査研究」と「その他の活動」を切り離して考えるのではなく，「調査研究」に繋がる「その他の活動」に使用すべきである。

2)　政務活動費は，「第二の報酬」と言われているが，議員にとっては有権者の感覚と大きなずれがあることを認識し，その適切な使用に留意すべきである。

第3節　政務活動費を巡る判例の動向

判例では，議員が政務活動費を使用することを合理的に説明できるかどうかがポイントであり，マニュアル・手引きどおりだから問題ないとは言えない。

第4節　第三者機関の設置

政務活動費の適正な使用をチェックする第三者機関を設置する議会が増えてきたが，単に設置しただけでは有害以外何物でもな

い。

第5節　後払い方式の導入

1) 　政務活動費の不正使用が相次いだため，その支給方法を巡り，一般的な「前払い」方式から，「後払い」方式に改める議会が増えてきたが，一定の成果も期待できるので，導入するかどうかは当該議会が判断すべきである。

2) 　後払い方式は，議員の不適切な使用が少なくなれば一定の成果はあるが，本来は，議員に前渡しする預り金であり，各議会で検討し，判断すべきである。

第6節　議会事務局の役割再考

　政務活動費に対する議会事務局職員の関与の仕方については，従来から消極的な姿勢が目立ったが，今後は，議長の部下として使途の透明性を確保するため，領収書等のネット公開を進めるなど，一歩前に出る積極的な姿勢が求められている。

第**1**節　政務活動費とは何か

(1)　地方自治法の規定

第100条

①〜⑬　（略）

⑭　普通地方公共団体は，条例の定めるところにより，その議会の<u>議員の調査研究その他の活動に資するため必要な経費の一部</u>として，その議会における会派又は議員に対し，政務活動費を交付することができる。この場合において，当該政務活動費の交付の対象，額及び交付の方法並びに当該政務活動費を充てることができる経費の範囲は，条例で定めなければならない。

⑮　前項の政務活動費の交付を受けた会派又は議員は，条例の定める
ところにより，当該政務活動費に係る収入及び支出の報告書を議長
に提出するものとする。

⑯　議長は，第14項の政務活動費については，<u>その使途の透明性の確
保に努める</u>ものとする。

　政務活動費とは，地方公共団体が，条例の定めるところにより，そ
の議会の議員の調査研究その他の活動に資するため必要な経費の一部
として，その議会における会派又は議員に対し，交付することができ
る金銭的給付（自治法100条14項）のことをいう。

　自治体議会において，その活性化を図るためには，審議能力を強化
していくことが不可欠であり，自治体議会の調査活動基盤の充実強化
を図る観点から，地方自治法上で制度化されたものである。

　政務活動費の交付の対象，額及び交付の方法並びに政務活動費を充
てることができる経費の範囲は，条例で定めなければならない（同法
100条14項）。額を条例で定めるに当たっては，例えば特別職報酬等審
議会等の第三者の意見をあらかじめ聴くなど，住民の批判を招くこと
が無いよう配慮することが適当とされている。

　また，政務活動費の使途の透明性を確保するため，政務活動費の交
付を受けた会派又は議員は，条例の定めるところにより，当該政務活
動費に係る収入及び支出の報告書を議長に提出するものとされている
（同法100条15項）。

　さらに，議長は，政務活動費の使途の透明性の確保に努めるものと
されている（同法100条16項）。

(2) 地方自治法の規定の解釈

　地方自治法第100条第14項に規定されている「議会の議員の調査研
究その他の活動に資するため」の解釈であるが，「その他の活動」は，
「調査研究」につながる「その他の活動」と解釈すべきである。議員

等の多くは，「調査研究」と「その他の活動」を，「調査研究，その他の活動」とまるで間に「，」で区切られているかのように別個の概念と捉える傾向があるが，「その他の活動」は「調査研究」に繋がっている点に留意すべきある。そう解釈すると，調査研究とは繋がらない議員活動は，政務活動の対象とはならないと考えるべきである。

　そう考えると，政務活動費は，政務調査費よりも対象経費は自治法的には「その他の活動」の部分だけ拡大したが，具体的な使途基準は条例で決めることとされていることから，対象となる経費をあまり拡大して捉えるよりも，むしろ間口を狭めて厳格に捉えることは可能であり，住民の理解も得られやすいのではないかと考える。

第2節　政務活動費の適切な使用

　政務活動費とは，地方公共団体が，条例の定めるところにより，その議会の議員の調査研究その他の活動に資するため必要な経費の一部として，その議会における会派又は議員に対し，交付することができる金銭的給付のことをいう。

　自治体議会において，その活性化を図るためには，審議能力を強化していくことが必要であり，自治体議会の調査活動基盤の充実強化を図る観点から，地方自治法上で制度化されたものであるが，この地方自治法上の規定の趣旨とは異なる使用の仕方が多く見られ，それが場合によっては住民から「不適切な使用」と指摘されることがある。

　そもそも地方自治法上の規定の趣旨は，主として「調査研究」のために使用するものと解釈できるが，現状は主に「その他の活動」に広く使用されており，この点が問題となっているように思われる。

　この「その他の活動」は，「調査研究」と切り離して考えるのではなくて，「調査研究」につながる「その他の活動」でなければならない。

　したがって，まず，「調査研究」に使用するという認識が要請される。そこで，各自治体議会でその使途基準を議員が使用しやすいように決め

ているが，可能な限り「調査研究」費に絞って考えていくことが重要である。議員活動に必要な経費が政務活動費の支給対象ではなくて，議員の調査研究に必要な経費が対象なのである。多くの議員は，議員活動をしていれば政務活動費の支給対象になるのではないかと考えることが多いのが現実であるが，明確な調査研究の目的があるかどうかがポイントになる。

　周知のように，2013（平成25）年の地方自治法の一部改正により，政務調査費から政務活動費になり，対象となる経費は地方自治法上は拡大したが，具体的に使途基準は各自治体議会が条例で定めることとなっている。間口を狭めて厳格に捉えることは可能であり，政務活動費を使用して調査研究活動を行い，自治体に還元できるものがあるかどうかという点も一つの使途基準となるのではないか。

　また，一般に住民からは，議員報酬と同じように思われ，「第二の報酬」と言われて公費の無駄な使用だと指摘される場合がある。議員も住民も，「議員報酬」と「政務活動費」は全く別のものであって，「政務活動費」は，議員が調査研究のため必要不可欠なものだという認識が必要である。

　なお，政務活動費を巡っては，全国的にも不適切な使用が指摘され，議員の調査研究はより必要だと思われる県議会の政務活動費廃止論までささやかれているが，議員にとっては，有権者の感覚との大きなズレを自覚することが重要であり，そのことと真摯に向き合わない限り，政務活動費を巡る問題の再発防止の道はないと言えるのではないか。

※（適正な運用のポイント）[1]

　ⅰ）使うことが目的ではなく，議員活動の成果を挙げるための支援措置である。何のために使うかの認識を十分に意識すること。

1　内田一夫「政務活動費について改めて考える」自治日報2017年１月13日（第3879・80号）議会欄参照

ⅱ）住民福祉の増進のため，どのような議員活動を行うべきかが先決
であり，政務活動費を使用する議員にその心構えがあるかどうか。

ⅲ）政務活動費は，実費弁償を旨とすべきで，宿泊費等の定額支給は
改めるべきで，日当等は不要である。

ⅳ）政務活動は，議員が自発的に行うものとの認識が必要であり，委
員会の視察とか議員派遣のような命令権者から命令されて行う公務
出張とは異なる。

ⅴ）政務活動費は，概算払いの預り金である。そのため，「もらいき
り」ではなく，余りが出れば当然返還するもの。領収書で帳尻合わ
せをすればいいわけではない。

ⅵ）収支報告は，会計報告だけではなく，活動の成果報告である。単
に使うだけではダメで，住民にその成果を示すこと。成果報告書も
併せて作成しておくこと。

ⅶ）まずは，議員活動を積極的に行うことが前提であり，本会議等の
質問や委員会調査，住民意見の把握や行政問題に対する解決策の模
索などの政務活動にどのように活用するか，また，活用した実績は
議員に立証責任があり，住民を納得させることが重要である。

第3節　政務活動費を巡る判例の動向

① **愛知県（議会）の最高裁上告問題**

○　名古屋地裁判決（2014年1月16日）

「調査研究活動と，その他の議員活動の双方に使われており，政
務調査費を充てるのが許されるのは一部」として，約2,800万円分
を違法と認定し，3会派に返還を命じた。

○　名古屋高裁判決（2015年12月24日）

愛知県議に対し，政務調査費に車のリース代などを充てた違法性
を認め，全額返還を県に命じた（2009年度，3会派の県議98人に支
給した8,100万円全額）。

　ここで注目すべきは，「車のリース代と事務所家賃は，地方自治法に定める調査研究に必要な経費だとは言えない」としたことである。「事務所費や車リース代は，それが特別の事情が存在したと立証できない限り，政務調査費としての交付は認められない」とした。

　これに対して，県側は，「議員の活動全てを否定しているに等しい判決」と反発し，「高裁判決を受け入れることは，全国の地方議会に影響が波及しかねない」として，最高裁に上告した。

○　最高裁決定（2016年12月15日）

　「上告理由に該当しない」として棄却したため，8,100万円の返還を命じた名古屋高裁判決が確定した。

この最高裁決定について，愛知県の大村知事は，「高裁判決が確定したことは遺憾だが，最終的な判断として受け止めざるを得ない」とコメントしたが，極めて広範囲な政務調査活動に対する解釈が，地方自治法第100条第14項の解釈としては誤りであることを示したものと捉えることができる。

　ただ，筆者としては，この案件は最高裁に上告すべきではなかったと思っている。事務所費や車リース代が，政務調査費を使用する特別な事情が存在したと高裁で立証できなかったのであるから，高裁判決を素直に受け入れるべきではなかったかとの考えである。

②　仙台市議会・2011年度政務調査費（仙台地裁判決2017年1月31日）
　　（2017年2月1日読売新聞による）

　判決では，「被告らが適切な反証を行わないときは，違法な支出と判断される」とした。

　違法とされたものとして，広報誌の印刷費や発送費（73万2,585円）については，後援会の謝辞や議会質疑などが掲載されていたことから，「後援会自体の拡充を図ることにあるものと推認される」として全額違法と認定された。

　また，ホームページ制作費（16万8,000円）は，経歴や趣味，得意

料理などプロフィールが掲載されていることから，「議員について広く世間にアピールするためのもの」として半額が不当とされた。

　さらに，調査研究のための旅費もその意義を厳しく問われた。プロ野球の秋季キャンプが行われていた倉敷市への出張（7万3,770円）は全額違法と，靖国神社での歴史調査が目的の一つの東京出張（15万3,780円）は半額が違法と認められた。

③　**山口県議会　政務調査費返還住民訴訟（毎日新聞2017年12月5日山口版による）**

　○　1審（山口地裁判決2016年6月22日）

　　　政務調査費で充当した事務所の賃料や人件費について，県議会のマニュアルの按分処理の上限（50％）を超える部分を違法と認定し，計82万円の返還請求を命じた。

　○　2審（広島高裁判決2017年3月29日）

　　　マニュアルの法規範性を認めず，支出が合理的であれば違法にならないと判断し，1審を取り消した。

　○　最高裁（2017年11月30日付け）

　　　支出は適法。上告棄却。2審の広島高裁判決が確定した。

この判決からは，政務活動費の使用マニュアル・手引きの規定にかかわらず，支出が合理的であることを議員が説明できるかどうかがポイントになる。

　今後は，「マニュアルどおりだから問題ない」とする議員・事務局職員の姿勢が問われることになる。

④　**尼崎市議会　2015年度政務活動費訴訟（2018年4月11日神戸地裁）（神戸新聞ＮＥＸＴ　2018年4月11日による）**

　　　原　告：議員の拡大写真や氏名，プロフィールが記され，選挙活動の一環。会派の調査研究活動に当たらない。

　　　裁判長：「議員個人の情報の掲載は，次回選挙で当選しやすくなるという選挙活動の側面を有し，調査研究活動に当たらない。」と指摘。議員個人の周知・宣伝目的とされる紙面の

割合などに応じて案分し，約244万円を不当利得と認定し，
「市へ返還する義務がある。」と判断した。

第**4**節　第三者機関の設置

　政務活動費の適正な使用をチェックする第三者機関を設置する議会が
増えてきた。従来設置していた議会も東京都議会や大阪府議会など幾つ
かあったが，特に，兵庫県議会のあの「号泣議員事件」（2014年）以後，
兵庫県議会が「兵庫県議会政務活動費調査等協議会」を政務活動費の交
付条例に基づき設置したこともあり，全国的に広まった感がある。2017
（平成29）年8月末時点で，設置している（設置を決めた）議会は，都
道府県議会では，北海道・栃木県・茨城県・東京都・富山県・大阪府・
兵庫県・奈良県・福岡県の各議会であるが，設置の形態等については一
様ではなく各議会によって区々である（都道府県議会以外でも，さいた
ま市・金沢市・大阪市・堺市・熊本市・富山市・岡山市・鹿追町の各議
会でも同様の第三者機関が設置されている。）。

　ただし，第三者機関の設置も，単に設置して「ただやりました」であ
れば「お墨付き」を与えるためのごまかしであり，有害以外何物でもな
い。また逆に，真に信頼できる第三者が，相応の時間，人員，権限を
持って調査するのであれば機能する可能性はあるというのが大方の意見
であろう。

第**5**節　後払い方式の導入

　2016（平成28）年，全国的にも富山市議会などで不正使用が相次いだ
政務活動費の支給方法を巡り，一般的な「前払い」方式から，領収書を
審査した後に渡す「後払い」方式制度に見直す動きが各地の自治体議会
に出てきた。²議員本人や会派に一定額を事前に渡すと使い切りを優先し，

2　読売新聞2017年5月3日記事『政活費「後払い」じわり』参照

不正や無駄遣いになりやすいという指摘があるためである。

　全国的には市議会レベルで約30議会が「後払い」方式を導入している
ようだが，「民間企業の経費は，立て替えた後，経理のチェックを受け
て支払われるのが一般的。前払いは市民感覚とかけ離れている」という
意見もあれば，「立替えに伴う精査や振込手続が多くなり，議会事務局
の負担が増える」，「議員活動に制約が出る」という反対意見の議員もい
るようだ。

　また，都道府県議会では比較的早く後払い方式を導入していた宮城県
議会でも，2016（平成28）年には，2人の議長が続いて政務活動費の不
適切な使用等の問題で辞任しており，「後払いは必ずしも不正防止には
つながらない」という意見も根強く，後払い方式の広がりはまだ一部に
とどまっているのが現状である。

　筆者は，政務活動費は，そもそも議員に前渡しする預り金であり，民
間企業の立替後の後払い精算方式の経費と同一視すべきではないとの考
えであるが，後払い方式を導入することによって，議員の使い切ろうと
する意識がなくなり，不正使用が少なくなるのであれば一定の成果はあ
ると考えられ，結局はそれぞれの議会が判断すべきであるが，後払い制
度の導入も検討すべき一方策ではないかと考える。

　なお，後払い方式の導入に関して2017（平成29）年に三重県議会では，
議長の諮問により議会基本条例上の組織である議会改革推進会議でプロ
ジェクトチームを設置し検討したが，結果的には導入しないこととの結
論となった経緯がある。当時，三重県議会においては特に不適切な使用
が問題となっていたわけではないので，当該制度の導入見送りは当然と
思われる。本来，政務活動費を適正に運用すれば，後払い方式を導入す
る必要はないと言える。

第6節　議会事務局の役割再考

　地方自治法第100条第16項で「議長は，第14項の政務活動費について

は，その使途の透明性の確保に努めるものとする」と規定されている。このため，各議会においては，議長以下が透明性の確保のため，いろいろ取り組まれており，年度ごとに収支報告書や領収書が提出されているが，まだ領収書等がホームページ等で公表されていない議会も多い。

　政務活動費については，多くの住民が関心を持っていることもあり，議長に提出した書類等は，できるだけ早く全てネットでも公開すべきであり，議会事務局職員も，議員等にネット公開をすべきである旨進言すべきである。

　また，政務活動費の不適切な使用問題に対処するため，第4節で記述したとおり，チェック機能として多くの議会において「第三者機関」の設置に踏み切る議会が増えてきた。

　ただし，筆者は，第三者機関の設置は，不適切な使用を防止するための方策の一つであるとは考えるが，その前に，地方自治法に規定された議長の使途の透明性確保の問題を，議長の部下である事務局長以下の議会事務局職員の役割だと捉える考え方が重要ではないかと考える。

　従来から，政務活動費に対する議会事務局の関与の仕方については，比較的消極的な立場から論じられることが多かったが，筆者は，やはり住民の立場から住民目線で考えていくことが必要であると考える。

　今後議会事務局の役割を再考するうえで参考になるのが，第Ⅶ講第4節で記述した河北新報社の社説（2016年8月10日付け）である。同社説の論調は，議会事務局にとって厳しいものがあるが，真摯に取り上げられているのである。

　さらに，最近の議会基本条例の中には，議会事務局から議会への提言について規定されているものもある。

○墨田区議会基本条例（平成30年12月制定）
　（議会事務局）
　第24条　議会は，円滑かつ効率的な議会運営及び議会活動の充実を図

るため，議会事務局の機能強化及び十分な組織体制の構築を行うものとする。

2　議会事務局は，前項に規定する目的を達成するため，議会に対し提案を行うことができる。

　このように，今後はもっと積極的に一歩前に出る姿勢が重要ではないかと考える。例えば，領収書等をネットで公開していない議会は，議会事務局から公開すべきではないかと提案したり，不適切な使用について住民から疑問を持たれるような点については，使用の手引き等に明確に規定して市民目線にそった使用の仕方をするように，事務局から積極的に進言すべきであると考える。

コラム　議会は自治の問題⑨

　政務活動費については，収支報告書等の公開に関してネット公開が要請されているが，まだまだそれぞれの議会のホームページでの公開が進んでいない現状があり，住民にとっては分かりにくいものとなっている。

　2023年4月の統一地方選挙を前に，NHK松山支局が政務活動費の実態について調査した。取り上げた問題点は次の3点である。

　まず，1点目は，収支報告書と領収書のオンライン公開が進んでいない点である。47都道府県中，予定も含めてやっと25都府県がオンライン公開となったが，地元愛媛県議会は，収支報告書のみがオンライン公開である。

　2点目は，事務所費と人件費に関して，親族制限のルール（親族関連は住民の誤解を招くので政務活動費を充当しない）があるかないかである。人件費については，47都道府県中36件が何らかの制限があり，事務所費については，47都道府県のうち38件が何らかの制限があったが，愛媛県議会は，事務所費と人件費とも何ら制限がなかった。

　3点目は，ガソリン代について，実費の領収書のみ求めているのが47都道府県中10件であり，残りの37件は，パターンはいろいろあり，

領収書はなくても，1キロメートル当たり何円という形で，自己申告する議会が多かった。ただし，この自己申告だが，1キロメートル当たり17円から37円と全国各地で大きな差があり，愛媛県議会は37円であり，高すぎないかというものだった。

　確かに，政務活動費の実務的な取扱いについては，各自治体がその条例で規定し，マニュアルや指導の手引き等で細かい取扱いのルールを定めているが，一般住民感覚とは大きな差がある場合が少なくないと言える。

　もとより政務活動費は税金から支出される公金であり，議員等議会関係者は，その点を十分理解し，住民目線に沿った取扱いに心がけるべきであろう。議員が消極的であれば，議会事務局職員が強く議員に進言すべきである。

終講　自治体議会の可能性

本講のポイント

第1節　今後の議会改革の課題

1) 議会改革とは，終わりなき改革であって，常に議会力の強化を目指す方向に進むべきである。そう考えると，「議会廃止の危機」の問題は，今後の議会改革の進展の中でも大きなウエイトを占める。

2) 夜間議会・休日議会を導入することで審議時間が少なくなったり，一般質問の簡潔さの徹底などによって，議会が首長等執行機関を監視するという役割が軽くなると，議会が小さくなってしまう可能性がある。「議会廃止」の問題や「夜間・休日議会」の問題は，今後の議会改革の在り方の問題とも関連して慎重な議論が必要である。

第2節　議員のなり手確保に向けた地方議会存続の3制度

1) 総務省の「町村議会のあり方に関する研究会」は，2018（平成30）年3月26日，議員のなり手確保に向けた報告書をまとめた。自治体は，①現行制度，②少数の専業議員による「集中専門型」議会，③多数の非専業議員による「多数参画型」議会の3制度の中から，独自の判断で条例で選択できるようになることが柱である。

2) この報告は，今後の議会制度が初めて自治体の裁量に任せることになり，自治制度の転換点となるが，学識者からは，全国一律の現行の議会制度から自治体側の選択肢が増えることは一歩前進だとした上で，議会のチェック機能を低下させる内容が含まれていることなど課題も多く，今後議論を深めていくべきだとの指摘もある。

3) 重要なことは，この研究会の報告書は，あくまで議員のなり

手確保に向けた提案であって，議会の審議能力の向上とか政策
提案機能の向上を目指したものではないということである。議
員のなり手不足解消のためとはいえ，議会の権限が縮小され，
チェック機能が低下するようでは議会改革の進展にはならない。

第3節　通年制議会から通任期制議会へ

1) 通年制議会を実践している三重県議会の附属機関である議会
   改革諮問会議は，議会の監視機能の更なる充実のための方策の
   一つとして通任期を視野に入れた議会活動を提起している。

2) 通任期議会は，1年間の議会活動スケジュールだけでなく，
   議員任期の4年間を通して具体化を図っていくことが重要で，
   地方自治法上の議長4年任期が想定される。

第4節　自治体議会の制度改正

1) 議会事務局職員の採用に関しては，執行機関の人事ローテー
   ションにより配置するのではなく，その半分の職員は議会が独
   自採用し，現行の人事派遣ローテーションの職員とベストミッ
   クスさせることが提案されている。

2) 議会独自に採用された職員は，地に足をつけて議会事務局の
   仕事に取り組むことができ，議会事務局内の幾つかの分野を専
   門的に担当すれば，事務局職員として専門性は確保できるし，
   資質の向上と執行機関からの独立性の確保も担保される。

3) 議会事務局長の役割と権限を強化し，局長ポストを特別職化
   することが提案されている。特別職になると，議会の同意が必
   要となり，議会の立場に立った事務局長が就任することになり，
   二元代表制を実践していく上でも望ましいと思われる。

4) 自治体の予算執行権は，首長に与えられた権限であるが，二
   元代表制において議会が政策形成機能を発揮していこうとする
   場合には，従来の議会の法システムを改めて思い切って制度を
   新しくしていく必要がある。

5) 都道府県議会や政令市議会の中でも比較的大規模な議会では，

政策立案能力の向上が課題となっており，一方策として「議会法制局」の共同設置も考えられる。中には，政務活動費の半分を「法制局設置，維持」費に投入したらどうかとの提案もある。

6)　自治体議会のオンラインによる運営は，委員会開催や一般質問の実施までは総務省は認めているが，本会議の開催は認められないとする解釈である。しかし，自治体議会のことは，議会の自律権からも当該自治体議会が考えればよく，非常事態時には，オンラインによる本会議の開催も想定して住民の理解を得るようにすべきである。

第5節　自治体予算の提案権獲得へ——琉球政府立法院から学ぶ

1)　琉球政府の立法院は，国の議会としての位置付けであったので，この方式を採用するならば，現行自治体議会においても予算提案権を持つことが可能ではないかと考えられる。

2)　自治体議会活性化の最大ポイントは，議会の予算提案権獲得にあるが，当然執行機関側の反対が予想されるので，今後は自治体議会の可能性を考える上で，予算提案権を議会が獲得できるよう条件整備に取り組むべきである。

3)　滋賀県湖南市では，議会からの予算提案権に関して，議員から市長に予算提案を行う機会を確保する取組を実施したり，社会保障施策とその財源確保について市議会に助言を求める条例案が市長から議会に提案されている。いずれも実現されていないが，注目すべき試みである。

第6節　自治体議会改革4段階（期）説

1)　自治体議会は，段階を経て進展させていくべきものであるが，現在は，まさにその第2段階にあると言え，第2段階・第2ステージにおける議会の在り方が議論されている。

2)　全国的にも幾つかの議会事務局研究会が誕生し，「議会事務局新時代」を迎えているが，議会改革は，一朝一夕ではできるものではなく，前途は多難であるが，「議会改革は進まねばな

らぬ」との思いを全自治体議会関係者は肝に銘ずべきである。

第7節　「自治体議会法」の形成と「自治体議会学」の構築

1）　地方議会をめぐる法制度改正や自主的な制度改正の展開もなされており，これに対応した「自治体議会法」なる法理論の形成が求められている。

2）「自治体学会」は，もう35年以上前に設立され「自治体学」が自治体で認識されているが，そこから派生した「自治体議会学」が意識されるようになり，今後は「自治体議会学」の構築を目指した動きが注目される。

第*1*節　今後の議会改革の課題

議会改革とは，終わりなき改革であり，言ってみれば常に議会力の強化を目指す方向に進むべきである。そう考えると，第Ⅰ講第1節で取り上げた「⑵議会の在り方──「議会廃止」の危機」の問題は，今後の議会改革の進展の中でも大きなウエイトを占めると思われる。

この高知県大川村の動きと相まって，長野県喬木村議会（定数12）でも，議員のなり手不足解消のため，一般質問や委員会審議といった定例会の主要日程を夜間や休日に移す方針を固め，会社勤めなどで昼間に仕事がある若者の立候補や議会活動を促す狙いがあり，2017（平成29）年12月議会から導入されたが，今後全国の自治体議会の注目を集めそうである。

喬木村議会によると，定例会の一般質問を休日に，委員会と全員協議会を夜間に開く方針で，将来は全日程を夜間や休日に開く可能性も見据えている。夜間・休日議会の導入に当たって審議の短時間化を図り，一般質問などは簡潔さを徹底させるという。総務省によると，「傍聴を促

す趣旨で日程の一部を夜間などにする例はあるが，大半を夜間や休日に開催するというのは聞いたことがない」としているが，喬木村議会によると，「若い年代の声，多様な意見をくみ上げられる議会を期待する」としている。

　ここで，「若い年代の声や多様な意見をくみ上げられる議会」は望ましいが，夜間・休日議会導入に当たって，審議時間が少なくなったり，一般質問の簡潔さを徹底することによって，議会が首長等執行機関を監視するという役割が軽くなり，議会が小さくなってしまう可能性は否定できない。そうすると，議会改革が議会力の強化であるならば，この「議会の廃止」の問題や「夜間・休日議会」の問題は，今後の議会改革の在り方の問題とも関連して慎重に考えていかなければならない課題である。

第②節　議員のなり手確保に向けた地方議会存続の3制度

　自治体議会の存続に向けた総務省の有識者研究会「町村議会のあり方に関する研究会」（座長＝小田切徳美・明治大学教授）は，2018（平成30）年3月26日，議員のなり手確保に向けた報告書をまとめ，総務大臣に提出した。

　自治体は，①現行制度，②少数の専業議員による「集中専門型」議会，③多数の非専業議員による「多数参画型議会」の3制度の中から独自の判断で条例で選択できるようになることが柱である。政府は，地方制度調査会（首相の諮問機関）で具体的な制度設計に入り，早ければ2019（平成31）年の通常国会に地方自治法改正案などを提出し，成立を目指している（読売新聞記事2018年3月27日による。）。

①　現行制度を維持

　議会制度は，これまで都道府県から小規模な町村まで人口や財政規模に関係なく一律に運営されてきたが，初めて自治体の裁量に任せることになり，自治制度の転換点となる。

　議会制度に選択制を取り入れるのは，過疎地などで地方自治を支える議会の存続が危ぶまれているからである。2015（平成27）年の統一地方選挙で無投票となった自治体は，人口1,000人以上〜1万人未満で27.3％，1,000人未満では64.7％で，人口が少ない自治体ほど無投票の割合が高かった。

　町村ではここ10年で1自治体当たりの議員定数が約4人減少し，現在最も少ない沖縄県北大東村議会は5人で構成している。総務省幹部は「議員数を単純に減らすことで対応するにも限界がある」と話している。

② 「集中専門型」議会

　現在より議員数を減らして生活給を保障するほか，専業議員に女性や若者などの声を反映させるため，くじで無作為に選ぶ「議会参画員」制度を導入する。また，公務員の場合は，立候補に伴い失職するため，復職制度を設けることで立候補しやすい環境を整える方向である。

③ 「多数参画型」議会

　地方議員の兼職・兼業制度を緩和することで，議員への門戸を広げ「有識者」を増やす狙いがある。自治体と取引がある企業の役員や，県や近隣自治体の職員らの選出も可能となる。

　本業のない夜間・休日の議会開催を原則とし，立候補や議員活動のための休暇制度などで不利益な扱いをすることを雇用主に禁止するほか，地域ごとの民意を反映できるよう公職選挙法を改正し，集落や小学校区などを単位とした選挙区を設置することも検討する。

　一方，この総務省の研究会は，高知県大川村議会の代わりに有権者が直接，条例案などを審議する「町村総会」の設置を検討したことを受けて設置されたが，高齢化の進展などを踏まえ，「住民が一堂に会する町村総会の実効的な開催は困難」と結論付けた。

　今後，制度設計に移るが，対象となる自治体をどのような基準で決めるかが課題となる。総務省は，1万人未満を軸にした小規模自治体に

絞った導入を検討しているが，「人口規模で一律に線を引くのは無理だ。財政力や高齢化率など地方の実情も考慮する必要がある」（幹部）との意見もあり，調整は難航しそうである。

これに対して学識者からは，「全国一律の現行の議会制度から自治体側の選択肢が増えることは一歩前進だ」とした上で，「「多数参画型」議会」は，兼職制限の緩和や権限の縮小など議会のチェック機能を低下させる内容が含まれているなど課題も多く，今後議論を深めていくべきだ」と指摘する（佐々木信夫・中央大学教授（行政学））。

また，この報告書を受け，現場の声として自治体議会などからは賛否両論の声が上がっている。

北海道中札内村議会（定数8）の議長は，「人口の少ない自治体では立候補者も少ない。新しい地方自治の形があってもいい」と理解を示す。同議会は2017（平成29）年6月の補選（欠員1）で立候補者がいなかった。2019（平成31）年4月の統一地方選挙で定数を満たすことができるかどうか不透明な情勢で，「報告書を精査しつつ，なり手不足問題を検証していきたい」と話す。

兼職の議員が活動しやすくするため，2017（平成29）年12月から「夜間・休日議会」を試行している長野県喬木村議会（定数12）の議長は，「現行制度の下で，村議会のあるべき姿を試行錯誤している途上だ。候補者の間口を広げる兼職制限の緩和の議論が進むことに期待したい」と述べた。

一方，全国町村議会議長会は，報告書が示す案について，「地方分権改革に逆行する」などと反対する意見書を公表した（2018（平成30）年3月26日）。「多数参画型」議会については，「首長と議会のバランスを失し，二元代表制が形骸化することになる。首長独裁とならない仕組みを検討することが不可欠だ」と指摘した。

過去の選挙で定数割れになったことがある奈良県上北山村議会（定数6）の議長は，「これ以上定数を減らせば常任委員会を維持できない。定数を現行制度より絞る「集中専門型」議会は，非現実的ではないか」

と述べた。長崎県五島列島にある小値賀町議会（定数8）の議長は，「なり手不足の解決策は本来自発的に検討しなければいけないものだ」と話す（以上，前記読売新聞記事から抜粋）。

　このように，今後，自治体議会は，総務省の研究会が提案した議員のなり手確保に向けた議会存続の3タイプが制度化されれば，それぞれの議会で十分議論して選択することになるものと思われる。ただ，どのような制度設計になるかは，現時点では現場の議会からは賛否両論があり，全く未知数である。また，この制度設計が具体的に選択できるのは，恐らく人口規模が少ない自治体議会に限られることになると思われる。そうすると，現行の大半の自治体議会は現行どおりの議会制度が続くことになるが，今後の自治体議会の改革を展望する上では，意義のある提案であると思われる。

　しかし，重要なことは，この研究会の報告は，あくまで議員のなり手確保に向けた提案であって，議会の審議能力の向上とか政策提案機能の向上を目指したものではないということである。議員のなり手不足解消のためとはいえ，議会機能が縮小されてしまっては何にもならない。先に佐々木信夫教授の指摘にもあったが，せっかく制度改正がされても議会の権限が縮小され，チェック機能が低下するようでは議会改革の進展にはならないし，議会と首長とのバランスを失し，二元代表制が形骸化してしまっては議会改革とは言えない。改めて確認するが，議会改革は，議会の機能強化のために行うものであることを議会関係者は肝に銘じるべきである。

　今回の総務省研究会が提案した「地方議会存続　3つの道」の議論は，多くの自治体議会関係者や住民等の十分かつ慎重な議論や検討がなされることを期待したい。

第**3**節　通年制議会から通任期制議会へ

　地方分権時代を担う議会の条件整備の一つとして，通年制議会を実践

している議会も次第に増えてきたが，地方自治法の一部改正により，通年式の会期を選択できるようになる前から，三重県議会は，定例会を年1回として会期日数を毎年1月中旬から12月下旬までと決めて，通年制で議会運営を行ってきた。この通年制議会は，「議会の監視機能の更なる充実・強化を図り，議会が主導的・機動的に活動するため」であり，「議事運営の弾力的・効率的な運用によって議会の機能強化を図る」ためであるとされる。

この通年制議会で活動を行っている三重県議会に対して，そこに設置された附属機関である議会改革諮問会議（江藤俊昭会長）は，更なる充実のための方策の一つとして通任期制を視野に入れた議会活動を提起している。

これは，1年間の議会活動スケジュールだけでなく，議員任期の4年間を通して具体化を図っていくことが重要となる。そのためには，1年交代の議長任期ではなくて，地方自治法上の4年任期が想定されることになる。

また，首長と対等に対峙していくためには，首長提案の総合計画に対して議会も議会基本計画を定めることが要請される。

第4節　自治体議会の制度改正

(1)　議会事務局職員の独自採用

議会事務局の職員は，法的には議長が任免権を持つので，議長が直接採用し，任命するという考え方がある。実際には議長は予算執行権

1　白老町議会通年議会実施要綱
2　三重県議会会期等の見直しに関する検証結果報告
3　三重県議会『三重県議会の議会改革』―評価と展望―（2011年3月）
4　三重県議会では，議員任期4年間を見据えた活動を計画的に行っていくため，議員任期4年間の主な議会の取組と，取組成果の確認及び継続的な改善活動の仕組みについてまとめた議会活動計画を2015年12月18日に策定した。

がないので，採用の事務は，都道府県議会であれば人事委員会に委任すればいいのではないかと思われる。

　しかし，職員の採用を全く議会だけで行うとなれば，実際上，議会で審議する議案の大半が執行機関の提出である限り，執行機関の資料・データ・情報等の入手には制約が出てくることが予想される。

　したがって，議会事務局の職員採用に関しては，現行のように全職員を執行機関の職員として採用し，執行機関の人事ローテーションにより配置するのではなく，その半分の職員は議会が独自採用し，現行の人事派遣ローテーションの職員とベストミックスさせることを提案[5]したい。

　このようにすることによって，議会独自に採用された職員は，議会事務局を本籍地として意識することにより地に足をつけて議会事務局の仕事に取り組むことができる。また，議会事務局内の人事異動により，議事運営，企画調査，政策法務，総務事務などの分野を専門的に担当すれば，議会事務局職員として専門性は確保できるし，「地方分権推進委員会第二次勧告」（1997（平成9）年7月）で指摘された「議会事務局職員の資質の向上と執行機関からの独立性の確保を図る」ことも担保されるのではないかと考えられる。

(2)　議会事務局長の特別職化

　議会事務局長の役割と権限を強化し，議会事務局長を特別職とすることが提案されている[6]。特別職になると，副知事や副市町村長と同様に，就任に当たっては議会の同意を得る必要がある。そうなると現行のように，事務局長は法的には議長に任免権があるが，現実的には首長が人事権を発揮している現状から，議会の同意を得ることになると，議会の立場に立った事務局長が就任することになる。

5　髙沖秀宣『「二元代表制」に惹かれて』公人の友社・136頁参照
6　佐々木信夫『地方議員』ＰＨＰ新書・150頁

　議会事務局職員は，議長の部下であり，事務局長は，特別職である
議員から選任された議長の指示により事務局の仕事を統括することに
なるので，二元代表制を実践していく上でもより望ましいと思われる。

⑶　**予算上の議会費の議長執行権**

　周知のように，自治体の予算執行権は，地方自治法第149条におい
て，「予算を調製し，及びこれを執行すること」が首長の事務担任と
されていることから，首長に与えられた権限であるが，二元代表制に
おいて議会が政策形成機能を発揮していこうとすると少し問題となっ
てくる点がある。具体的には，例えば，地方自治法第100条の2の規
定により，議会があるシンクタンクに調査委託を行ったとしてその契
約を結ぶ場合を考えてみたい。実際には議会の委託業務を行うのであ
るが，委託契約に伴う委託費を支払う関係で，多くの議会では，議長
名ではなくて首長名や場合によっては議会事務局長名で委託契約を締
結しているようである。

　これは，議会費の執行権は首長にあり，予算執行上は首長の部下と
しての議会事務局長に執行委任をしている関係であろうと思われる。

　ただし，少し考えてみると，議会の委託業務であるのに，委託費の
支払の関係から予算執行権がある首長側が契約の一方の当事者になっ
てしまうことは理に合わないのではないかと思われる。

　実際に福岡県議会では，政務活動費の事前チェックのために福岡県
議会政務活動費事前確認専門委員として，公認会計士と弁護士の2名
に委嘱状が交付されたが[7]，これは議会の用務であり，議長から委嘱状
を手渡されたようであるが，委託契約書は，各専門委員と知事が締結
しているとのことである。知事との締結であれば，委託契約上は専門
員は，知事に対してその職務を果たすべきであり，先の議長からの委
嘱状との離齬（そご）が生じることにならないか。また，知事との委託契約で

7　2013年11月1日付け。福岡県議会のホームページより。

あれば，その職務の内容は，専ら政務活動費の支出の適正化のためであり，知事に対してその責めを負うことになる。

　また，吹田市議会では，市長を追及するために百条委員会を設置し，議会側として専門的知見を活用のために弁護士と委託契約する際に，議会（議長）とは委託契約を結べず，結局，市長と弁護士との委託契約書となってしまった例がある。

　この二つの実例からも，議会側の委託内容であれば，やはり議会（議長）と相手方とで契約を結ぶべきではないか？　その場合に，議会に予算執行権がないために，実際の会計上の支払ができなければ，契約書の特記事項として，「この委託契約に対する報酬の支払については，○○県（市）会計管理者が行う」とすれば済む話ではないかと考えるが，余りに短絡的な考えであろうか？

　一度，今後の議会の在り方について，その制度設計上からも，議会が政策形成機能を発揮する上で，従来の議会の法システムでは具合が悪い場合があり，思い切って制度を新しくしていく必要がある。

(4)　議会法制局の共同設置

　議会の政策立案能力の向上が課題となっているが，都道府県議会や政令市議会のような大規模な自治体議会においても，議員の政策条例提案件数が極端に少なく，機関としての立法能力をどう高めるかが大きな課題である。比較的規模の小さい自治体議会は，政策法務担当課の共同設置が考えられるが，規模の大きな都道府県議会や政令市議会では，議会法制局の設置も考えられる。中には昨今，その使途について問題視されている政務活動費の半分を「法制局設置，維持」費に投入し，議員立法をサポートする機関として，法科大学院出身者を雇ったらどうかという提案もある。[8]

　政務活動費を直接，調査研究のためには使用せず，その半分を投入

する考えには賛成しがたいが，議会法制局の設置は検討に値する。

　福岡市議会や三重県議会等では，早くから参議院・衆議院法制局に議会事務局職員を研修派遣してそのノウハウを学んでいるが，その派遣された研修生は，議会事務局で法制担当に起用されている。一定の期間の後は，また執行機関側の政策法務担当以外の職に人事異動で戻っていくケースが多い。これではもったいないではないか？　もちろん，職員の意思の問題もあるが，国の法制局等で研修を終えた職員等で議会法制局を設置して，長期間議会の法制担当専門として起用したらどうかと考える。

⑸　オンラインによる議会運営

　2020（令和２）年４月30日付け総務省自治行政局行政課長通知（「新型コロナウイルス感染症対策に係る地方公共団体における議会の委員会の開催方法について」）により，「本会議をオンラインにて行うことはできないが，委員会については条例や会議規則を改正することによりオンライン会議にて行うことができる」旨の見解が示された。

　これにより，2022（令和４）年１月時点で，全自治体の7.6％にあたる135議会が必要な条例改正を行い，このうち35議会で実際にオンライン委員会を開催していた（総務省調べによる）。

　また，総務省は，2023（令和５）年２月７日，地方議会の本会議でのオンラインを通じた質疑について，自治体の問題全般に関する「一般質問」に限り可能とする見解を示した。これは，育児などの理由で出席が困難な議員も議事に参加できるようにし，地方議会のなり手不足の解消につなげる狙いがあるという。

　ただし，地方自治法は，地方議会の本会議は，議員定数の半数以上の「出席」がなければ開けないとし，法律の規定の範囲内でオンラインの活用を柔軟化させるとしている。

　オンラインによる議会運営については，今後ますます拡大していくものと思われるが，総務省の見解は，本会議の出席は，議員が実際に

議場にいることを前提としていて，その解釈を変更する考えはないようである。

しかし，オンラインによる本会議の一般質問を認めるが，その一般質問した議員は本会議場には出席していないので欠席扱いになるという考えは理解できない。現に実際一般質問を行って，その内容が会議録に残れば，出席したものとみなすのが妥当であろう。

したがって，筆者は，オンラインによる議会運営においては，地方自治法に規定する本会議の「出席」については，「出席したものとみなす」規定を条例等に規定して運用すれば，総務省の見解とは異なるが，住民の理解が得られるのではないかと考えている。

そこで，取手市議会が議会基本条例を改正して，感染症のまん延等の場合においてオンラインによる議会運営の継続を図るとした姿勢は注目に値する。

○取手市議会基本条例
　（情報通信技術の活用）
　第22条　（略）
　2　議会は，災害の発生，感染症のまん延等，やむを得ない理由により議事堂に参集することが困難なときは，その状況に応じた情報通信技術の積極的な活用を通じ，議会活動の継続を図るものとする。

なお，2022（令和4）年2月，衆議院憲法審査会では，国会におけるオンライン審議の導入について検討が進められており，総務省の「出席」に関する見解も国会の議論の結果によっては，解釈の変更もあり得ると思われるが，自治体議会としては，議会の自律権を援用して自らが解釈して運用していくことが求められている。

第5節　自治体予算の提案権獲得へ──琉球政府立法院から学ぶ

⑴　復帰時の琉球政府立法院

　1972（昭和47）年5月15日，本土復帰の沖縄は，いわば国と県の二重性を持っていた琉球政府を，組織的・人的・機能的に日本のそれに組み込むべく，国や県に分けて，自治体としての沖縄県を発足させたのである。この琉球政府の立法院は国の議会としての位置付けを与えられており，議員の待遇もそれに相当するものであったが，あえなく自治体の議会としての県議会となってしまったようである。

　したがって，琉球政府が米国流の厳格な権力分立制を採用していることから，議員に立法案や予算案（予算案も立法案の扱いだった。）の提出権が専属していた[9]ことから，現在の沖縄県議会と同スケールの議会において，議会が予算提案権と法案提案権を持っていたことになる。

　この方式を採用するならば，現行自治体議会においても予算提案権を持つことが可能ではないかと考えられる。

⑵　自治体予算の提案権

　一般に現行の自治体議会は，監視機能や政策提案機能を有しているが，予算提案権が首長に専属しているために，議員をはじめとして議会関係者は予算の審議等が余り活発には行われていない傾向がある。いきおい議会での予算審議は，首長提案の政策については，細かい点は突くものの最終的には原案どおり無修正で可決となってしまう。

　この予算提案権が議会に専属となったらどうだろうか？　議会や議員は現行とは見違えるように目の色を変えて予算と向き合うことになり，政務活動費なんて不要だとは言っておれない状況になってくるの

9　黒柳保則「日本復帰と二つの「議会」──権力移行期における琉球政府立法院と沖縄県議会──」沖縄法学第44号，沖縄国際大学法学会，2015年3月参照

ではないか？

　このように，自治体議会活性化の最大のポイントは，議会の予算提案権獲得にあるが，議会が予算提案権を持つようになると，当然ながらその分だけ議会事務局職員の事務量が増えることになる。そうすると，単純に考えるだけでも，現行の首長部局で予算関係事務担当の中心である予算・財政担当課は議会事務局に移ることになる。簡単に言えば，議会事務局に総務課・議事課・調査課があったとしたら，更に財政課等の名称の課を増設すれば済む話である。

　ただ，問題は，首長部局執行機関側の職員の意識が大きな抵抗勢力になると思われる。現行の議会に予算提案権を与えてしまえば，執行機関としては，今までのような議会対応はできなくなるので徹底した反対に回ると予想される。

　しかしながら，自治体議会の可能性を考える上で，是非，予算提案権を議会が獲得できるように条件整備に取り組むべきであろう。地方自治法が施行されて70年が経過し，以来，様々な地方自治法改正があり，通年式の会期なども可能となった。次の大きな目標は，予算提案権の獲得である。今後50年かかろうが100年かかろうが，地方自治法改正に向けて議員をはじめ議会関係者の頑張りに期待したい。今後，自治体議会としては，執行機関からの猛反対を説得して住民に納得される地方自治法の改正を目指さなければならないと考える。

(3)　予算提案を巡る新たな動き——湖南市の試み

　①　議会からの予算提案権に関して，興味深い実例がある。湖南市の谷畑英吾市長の意欲的な取組であるが，同市長は，2007年度予算編成時に，議員提案予算制度を実施した。[10] 議員1人当たり20万円枠×24人＋議長別枠20万円＝500万円の事業である。

10　2013年7月15日議会事務局研究会における谷畑英吾湖南市長報告「議会の自律性確立に関する首長会員の私的考察」参照

　谷畑市長は，市民の選挙により選出された議員も首長と同様，市民と接する日常の活動を通じてそれぞれが問題意識を抱え，個別施策の必要性を感じていることから，課題を整理し施策を議論し，そして提案することができる活動の場が必要ではないかと考えて，地方自治法第149条第2号の首長の予算編成権に反しない範囲内でのことを実現するため，2007年度予算編成過程において，議員から首長に予算提案を行う機会を確保する取組を実施した。

　具体的には，一般財源として議員1人当たり20万円を限度として提案枠を示し，会派で金額をまとめても，会派を超えて合同してもよく，あくまで一般財源ベースなので，各種補助制度や利用者負担など他の財源の活用により，総額を膨らませることができれば施策制度についてもより実効性を増すものとなるとした。

　また，財源としては，通常の予算編成の特別枠として確保し，市役所各部課担当と十分に協議し，予算事業名称・事業目的・事業概要・予算額・事業の効果・提案議員名などを提案書にまとめて提出するものだった。

　しかしながら，二元代表制の下，予算編成・提案権を専権事項とする首長からの意欲的な提案であったにもかかわらず，湖南市議会は対応に困惑し，議会からの要望で単年度実施で終わった経緯がある。

　この件に関して筆者は，せっかくの議会からの予算提案権発揮の機会だったので，議会としてもう少し意欲的に取り組むべきではなかったかとの思いである。

②　「議会が財源助言」条例案否決

　湖南市では，2017（平成29）年9月議会で，社会保障施策とその

11　市長に反対する議員が「違法ではないか」と総務省に確認したが，総務省は「違法性はない」とのことだった。

　財源確保策について市議会に助言を求める条例案を全会一致で否決した。市としては、「財政状況が厳しい中で、市長と議会が共に汗をかいて考えようという趣旨の条例」としていたが、議員からは「議会に予算の提案権はない」、「条例制定の必要はない」などと批判が相次いだ。

　否決された条例案は、「市社会保障の充実と財源確保を一体的に図るための改革の推進に関する条例（案）」で、対象施策は「子育て支援及び高齢者福祉の充実」に限定し、市と市議会は財源の確保を「具体的に積算し検討する」として、2017年度末までに議会が市へ助言し、2018年度末で条例は廃止という内容だった。

　本会議では、「予算提案権は市長に専属するのではないか」との議員の質問に、谷畑英吾市長は「財源の裏付けのない（議員の）提案は地方自治法上違法」と主張したとあるが、これは、「歳出だけを定め、財政運営を過度にゆがませるような施策の提案は、地方自治上、認められない」という趣旨であった。ある議員が「多くの必要な施策がある中で社会保障に特化し、条例制定してまで助言を求めることは違和感がある」と反対討論し、採決では議長を除く17人全員が反対して否決された。[12]

　確かにこの条例案では、市長から議会側に対して、議会の政策立案についてどう考えるかという根源的な問題提起があったものとみなすこともできるが、あえて条例を制定しなくてもふだんの議会と市長との関係の中で、十分に議論していくべき問題であると思われる。

12　京都新聞記事2017年9月7日参照。なお、同記事には「条例案は地方自治活性化への問題提起としても一定の意味はある。財源を示さない提案でもそれ自体が地方自治法上違法になることはないのではないか」との真山達志・同志社大学教授の話もある。

第❻節　自治体議会改革 4 段階（期）説

　2012（平成24）年 6 月11日，議会事務局研究会[13]では，第 2 回議会事務局研究会シンポジウムを大阪市にて開催したが，その開催案内チラシには『議会改革，初動期から第二期を迎えて』というフレーズが使用されていた。また，江藤俊昭・山梨学院大学教授は，『議会改革の第 2 ステージ』ぎょうせい・2016年 9 月という著書で，従来の意味での議会改革を超えて，住民自治の推進を説いている。

　このように，自治体議会改革は，段階を経て進展させていくべきものであり，筆者は，2012（平成24）年 7 月に彦根市議会での講演会にて初めて「自治体議会改革 4 段階（期）説」を公表したが[14]，その概要は別表のとおりである。

　公表時期から 6 年を経過した今，自治体議会は，まさに第 2 段階を迎え議会改革の在り方を求めて悪戦苦闘している状態であるように思われる。

　また，この第 1 段階においては，これまで議会事務局研究会以外でも幾つかの議会事務局研究会（議会事務局実務研究会，いわて議会事務局研究会，軍師ネットワーク，議会技術研究会など）が誕生し，2016（平成28）年 1 月には大阪市で「 3 大事務局研究会合同シンポジウム」や2017（平成29）年 5 月には北上市において《議会事務局シンポジウム》が開催され，議会改革の第 2 段階や第 2 ステージにおける議員と事務局の在り方が重要なテーマとなって議論されている。

　筆者は，今まさに「議会事務局新時代[15]」を迎えているのではないかと

13　駒林良則・立命館大学教授の呼び掛けに応じた議会事務局職員や議員等が，議会事務局はどうあるべきかを実務面から探るために，2009（平成21）年 3 月に関西地区で発足した。

14　髙沖秀宣『「二元代表制」に惹かれて』公人の友社・125頁参照

15　髙沖秀宣「議会事務局新時代の到来」2017年 6 月23日自治日報記事参照

の思いであり，この第２段階での議会改革に大きな期待を抱いている一人であるが，議会改革は，一朝一夕でできるものではない。政務活動費の不適切な使用が後を絶たない現実を見ると，前途は多難であると思われるが，しかし，立ち止まることは許されない。今こそ「議会改革は進まねばならぬ」との思いを全自治体議会関係者は肝に銘ずべきである。

コラム　議会は自治の問題⑩

〈議会事務局長の人事任命権者は誰なのか？〉

　終講第４節で「議会事務局長の特別職化」に関して，事務局長は法的には議長に任免権があるが，現状は首長が人事権を発揮している点を指摘した。卑近な具体例として三重県議会の例を紹介すると，2018（平成30）年３月末に４月１日付け事務局長人事異動の発表があり，女性登用として初めての女性局長が誕生した際の三重県知事のコメントがあった。知事は「議会でしっかり詰めて調整するというリーダーシップを発揮してほしい」と述べたとある（３月31日付け伊勢新聞）。

　この知事の「議会での調整役」の考えであるが，大方の見方は「議会と知事の調整役」としてリーダーシップを発揮してほしいとの思いであろうが，議会事務局長に知事との調整役を期待されても困るのだ。そもそも議会事務局長は議長の人事任命権の下にあり，議長の命を受けて議会の事務に従事することになっていて，知事の手からは離れるのである。知事の期待は分からないでもないが，議会事務局長の人事云々については議長に任せておくべきではないか。

　ただ，全国自治体議会の事務局長人事の状況は，三重県議会と似たようなものであるとは推測できるが，そういうレベルであるからこそ，第Ⅴ講第４節「後方支援機能の充実」でも例に挙げた三田市議会基本条例のように，「議長から市長に職員を出向させるよう要請し，市長は，議長の要請に誠実に応じなければならない」という議長がリーダーシップを発揮すべき規定は，より輝きを放って見えるのである。

（別表）

【地方自治体議会改革4段階（期）説】（仮説）（2012.10.12現在）

● 第1期（初動期）〈改革意識の芽生えから議会基本条例の制定まで〉

・議員特権を見直す。

・情報公開を進め，議会の透明化を図る。標準会議規則を見直すなど，議会改革の出来る箇所から手をつける。

・議会基本条例の制定への動きが高まる。

● 第2期（躍動期）〈議会基本条例制定から予算編成権獲得まで〉（通年制議会）

・政策形成機能の充実強化

・議員提出条例案（政策提案）の増加

・議員の資質向上（予算編成が出来るまで）が前提

・議会事務局の充実強化

● 第3期（安定期）〈議会に予算編成権付与〉（「二元代表制」が安定）（通任期制議会）

・議会が予算編成を行い，執行は首長側と明確に分離[※1]

・議会事務局に財政課・法務課等を設置

● 第4期（完成期）〈議会一元制[※2]〉へ

・議会主導型行政へ

・首長は象徴的存在へ[※3]

※1　増田寛也発言参照（2010年8月2日　第6回全国自治体議会改革推進シンポジウム（大阪））

※2　後房雄説参照「自治体「議院内閣制」をめぐる論点——議会一元制への試論」議会改革白書2011年版・生活社

※3　荻原隆宏説参照（「地方政府の多様化を進める議員連盟」）

第**7**節　「自治体議会法」の形成と「自治体議会学」の構築

⑴　「自治体議会法」の形成

　自治体議会の法制の分野では第一人者とされる立命館大学・駒林良則教授は，『地方自治組織法制の変容と地方議会』（法律文化社，2021年）で「終章　自治体組織法の今後」として地方議会の法的議論の方向性について述べられているが，そこで「小括─地方議会法の形成」について，以下の問題提起があるので引用させていただく。

　「地方議会に対する法的アプローチにおいて，国会と基本的には同様の法原理が妥当するとして，両方を統一的に理解する「議会法」という領域の成立が認識されてきた。〈中略〉しかし，地方議会をめぐる法制度改正や自主的な制度改正の展開もなされており，これに対応した法理論の形成が求められている。というのは，国会と同じ法原理から説明すること，つまり国会の法原理をそのまま地方議会の法原理として説明することには無理があることが明らかになってきたことに加え，行政組織法の範疇で捉えることの限界も明らかといえるからである。したがって，地方議会法なる法領域を考えていくべきであろう。これは，国会とは異なり，地方議会の活動それ自体が司法による統制がなされうること，執行機関との関係が緊密で相互に干渉しあっており，国会と同じ位置づけできないことをみればあきらかであろう。」（以上，上記書248頁）

　筆者も，議院内閣制をとる国会に対して，二元代表制を採用している自治体議会にとっては，単に「議会法」という一括りの法体系で考えていくのではなく，「自治体議会法」という法領域は成立しうると考えている。地方自治法の進化，自治基本法の制定，更には議会基本条例のレベルアップも含めて，今後の発展進化に期待したい。

⑵　「自治体学」と「自治体議会学」

　「自治体学」という言葉は，1978年開催の「地方の時代シンポ」で

神奈川県の長洲一二知事（当時）が「ここにお集まりの皆さんで自治体学の学会というものをつくっていただければ……」と挨拶したのが最初であるとされるが，長洲氏が述べた自治体学会は，「学者による学会」であり，「自治体学」のイメージも具体性のあるものではなかったとされている。

当時筆者は，まだ三重県庁に奉職しておらず，筆者が「自治体学」を意識したのは，その6年後，1984年10月18日，横浜港を眼下に眺望する神奈川県民ホールで「自治体政策研究交流会議」が開催され，北海道から九州までの各地から140団体・352人の自治体職員と市民と研究者が参加したが，その自治体職員の中に確か三重県から唯一の自治体職員として参加した時が最初であり，40年近く経った今でも鮮烈に記憶している。

この交流会議で，自治体学会の設立の動議が提出され，参加者全員が地域と職場で「学会設立の意義と可能性」の論議を起こし，その結果，1986年5月23日，2年がかりで準備を進めてきた「自治体学会」が設立されたのである（以上，森啓著『新自治体学入門』（時事通信社，2008年）による。）。

そういう訳で，筆者と「自治体学」との関わりは，「自治体学会」設立前の自治体政策研究交流会議以来で40年近くになるが，筆者が執行機関側の知事部局から，議事機関側の議会事務局に異動した2002年からは，自治体学会での活動内容には自治体議会の立場からの問題提起も必要であり，「自治体学」が存在するなら，その分派の学として「自治体議会学」が当然存在しても然るべきだと考えるようになった。

また，地方分権時代には議会というものが重要な役割を果たすということで自治体学会の中に議員を中心としたネットワークを作り上げようとしたのが「議員研究ネットワーク」という組織であり，その課題として「自治のための議会学」をつくっていこうとしている。2009年2月には「自治体学会議員研究ネットワーク」結成大会を開催し，

活動を続けているが，その後はあまり進展が見られない。

　「自治体議会学」とは，あまり聞きなれない学問領域のようであるが，金井利之著『自治体議会の取扱説明書』（第一法規，2019年）は，「自治体議会に関する実証研究を背景とした規範研究である」とされる。

　その構成内容には，「終章　実践自治体議会学に向けて」とあるが，僅か1頁半の記述に留まっており，そこでは，自治体議会に関する研究には，大きく分けて，実態を解明する実証研究と，よりよい議会の在り方を模索する規範研究と，2つの指向性を持つことは記述されているが，残念ながら「自治体議会学」の体系は示されていない。

　一方，国会の方に目を向ければ，衆議院事務総長であった向大野新治著『議会学』（吉田書店，2018年）という，国会の本質は何か，その実像に迫った名著があるが，自治体議会の分野でも，それ以前に第一人者とされる山梨学院大学の江藤俊昭教授（当時）により，『自治体議会学（議会改革の実践手法）』（ぎょうせい，2012年）が公刊されている。同書で江藤教授は，「日本の住民自治を進めるための方向と条件を確認しているにすぎない」と述べられている。そうすると，議会改革の実践の延長上に「自治体議会学」は存在すると考えることもできる（なお，江藤教授は，同書の「おわりに」で，自治体議会学の構想の一端はすでに，『討議する議会』（2009年，公人の友社）でまとめているが，全面的な展開はない，としている。）。

(3) 「自治体議会学」の構築を目指して

　そう考えると，筆者は現在までいつの日か何とか「自治体議会学」の領域まで到達したいものだという心意気で自治体議会改革と真正面から向き合ってきたが，本書で記述された自治体議会改革を地道に実践し追求していけば，究極的には「自治体議会学」が見えてくるのではないかと考える次第である。本書の初版「終わりに」に記述した千田謙蔵先生に教示を受けた「天を仰ぎ　知を歩む」の境地でこれから

の残された時間を歩まねばならないと思う。併せて本書を手に取られた多くの自治体議会関係者の今後の自治体議会改革の実践に期待し，筆者も自治体議会学の構築を目指して一歩ずつ進んでいきたいと考えている次第である。

【参考資料】「自治日報」記事

① 2013（平成25）年11月15日（金）「議会改革は議会事務局改革が急務」

② 2014（平成26）年5月2・9日（金）「議会事務局改革は進んだか？」

③ 2014（平成26）年10月31日（金）「統一選挙後の議会事務局の改革」

④ 2015（平成27）年6月5日（金）「統一地方選後の議会の在り方」

⑤ 2016（平成28）年2月26日（金）「議会基本条例10年を迎えて」

⑥ 2016（平成28）年8月5日（金）「議会事務局はここまでできる!!」

⑦ 2017（平成29）年1月27日（金）「政務活動費と議会事務局の役割」

⑧ 2017（平成29）年6月23日（金）「議会事務局新時代の到来」

⑨ 2017（平成29）年12月15日（金）「議会改革とは何を改革することか」

⑩ 2018（平成30）年7月13日（金）「議員のなり手不足と町村議会事務局」

⑪ 2019（平成31）年1月25日（金）「大規模自治体の議会改革」

⑫ 2019（令和元）年8月9・16日（金）「令和新時代の議会事務局改革」

⑬ 2020（令和2）年2月7日（金）「「通年制議会」について考える」

⑭ 2020（令和2）年8月7・14日（金）「政務活動費の政策的活用について」

⑮ 2021（令和3）年3月5日（金）「改革の底辺から底辺の改革へ」

⑯ 2021（令和3）年9月10日（金）「議会基本条例15年の軌跡」

⑰ 2022（令和4）年4月4日（月）「政務活動費は，果たして不要なのか？」

⑱ 2022（令和4）年10月24日（月）「政務活動費に係る議会事務局の役割」

⑲ 2023（令和5）年4月24日（月）「自治体議会における附属機関の役割」

① **2013（平成25）年11月15日**

議会改革は議会事務局改革が急務

議会事務局研究会
（元三重県議会事務局次長）
髙沖　秀宣

議会改革は議会事務局改革が急務

②　2014（平成26）年5月2・9日

議会事務局改革は進んだか？

三重県地方自治研究センター上席研究員
（議会事務局研究会共同代表）
高沖　秀宣

議会事務局改革は進んだか？

③ 2014（平成26）年10月31日
統一選挙後の議会事務局の改革

三重県地方自治研究センター上席研究員
（議会事務局研究会共同代表）

髙沖　秀宣

統一選挙後の議会事務局の改革

④　2015（平成27）年6月5日

統一地方選後の議会の在り方

三重県地方自治研究センター上席研究員
（議会事務局実務研究会共同代表）

髙沖　秀宣

統一地方選後の議会の在り方

⑤ 2016（平成28）年2月26日

議会基本条例10年を迎えて

高沖　秀宣
（議会事務局研究会共同代表）
三重県地方自治研究センター上席研究員

議会基本条例10年を迎えて

⑥　**2016（平成28）年8月5日**

議会事務局はここまでできる!!

⑦ 2017（平成29）年1月27日

政務活動費と議会事務局の役割

高沖 秀宣
（議会事務局研究会共同代表）
王朝地方自治研究センター上席研究員

■政務活動費の不適正な支出問題

政務活動費と議会事務局の役割

⑧　2017（平成29）年6月23日

議会事務局新時代の到来

三重県地方議院政センター上席研究員
（議会事務局研究会共同代表）
高沖　秀宣

議会事務局新時代の到来

⑨　2017（平成29）年12月15日

議会改革とは何を改革することか

三重県地方自治研究センター上席研究員
（議会事務局研究会専門代表）
高　沖　秀　宣

議会改革とは何を改革することか

⑩　　2018（平成30）年7月13日

議員のなり手不足と町村議会事務局

三重県地方自治研究センター上席研究員
（議会事務局研究会共同代表）
高　沖　秀　宣

議員のなり手不足と町村議会事務局

■　平成27年4月の統一地方選挙で議員のなり手不足が問題化した。昭和の大合併や地方都市をはじめとする町村の過疎化などにより、近年、「町村議会のあり方研究会」の報告書（平成30年3月）にもあるように、民主主義の根幹である住民による議員のなり手不足が懸念されている。この報告書は、議員のなり手不足問題に対応した地方自治制度や議会制度について検討し、その解決方策として新たな二つの議会・議員制度を提案している。

それらは、二つの議会・議員制度の提案において、「多数参画型」と「集中専門型」という二つの類型に分けられる。従来の議員の数を増やし議員の住民代表性を高くしながら、その議員報酬をより低くして議会運営を行うことを基本とする。議員報酬の在り方について検討し、全国各地にみられる議会改革にもつながるような、議員事務局の機能をより充実させていくことが、今後の議会改革に求められる（中略）。

■　町村議会事務局の現状は、事務局職員数の平均が2.5人程度である。これは議員数がほぼ半分以下（58.8人）であることを実態として表している（全国町村議会議長会の調査結果概要（平成30年2月現在）による）。議事正職員、つまり議会事務局職員と役場職員の兼務（併任発令）に関する事情を言えば、議会の支援体制を「強化」することが議会事務局の役割であるが、兼任であるため過疎の自治体制度を三位一体的な観点から見ると、議会事務局職員の人員配置の状況と役場職員としての専任化職員として職員とのあり方が、この「多数参画型」議会を現実の問題として対応することについては、議会事務局職員の住職発令の在り方、職員としての人事管理など、数多くの問題が先に解決すべき問題である。また、小規模町村の人員配置を踏まえ議論すべきである。

■　まず、新しい議会運営の議論・検討にあたって、持続可能な議会の在り方を考えながら、町村議会の同等のあり方を模索していくが、議会事務局の役割が大きくなるように、新たな地方議会制度を考えていく必要がある。まず第一に、何といっても議会事務局職員の在り方、つまり議員住職発令の配置のあり方であり、町村議会事務局と役場職員との兼職の状況などについて検討すべきであろう。まず、首長部局の職員が議会事務局職員を併任することも考えられるが、その点を踏まえ、現行の事務局職員の在り方のあり方を踏まえ、今後の地方議会制度のあり方を検討すべきであろう。

■　今回の総務省研究会報告書においても、全国各地にみられる議会改革につながるものとなることが期待される。

これらは総務省の中には実際の町村議会の実務に詳しくなさなどもあることから考えていきたい。議会の役割の数年前から総務省に「地方議会担当官」など何人もの専門の職員が必要であり、総務省を含めた事務局とのあり方が問われており、町村議会事務局に派遣することなどが、今後の町村議会のあり方に確保・管理、今後の町村議会の在り方を考えていくために、一般に議会事務局の充実がますます重要となるべきである。「三位一体改革のあり方提言」では、初めて事務局の充実について言及された。これを踏まえて考えたい。

■　なお、今後の町村議会の持続性に関して、地方議会制度の見直しとともに、総務省の政策研究の一環として、政策研究委員会などにおいて、政策提案する議会事務局の役割を考え、議会の方法を考えていく必要がある。現行の法制度と議会事務局の人的充実が不可欠であるが、人材の育成を踏まえながら、地方自治法（第100条の2）に規定する専門的知見の活用についても、今後の町村議会の運営について積極的に活用されることを期待したい。

定員の少ない町村議会事務局については、議員のなり手不足への対応とともに、ますます町村議会職員の充実が必要になるものと考えられるが、町村議会の実態を踏まえ「三位一体改革」を実現しながら、今後の町村議会の可能性を期待したい。

（注）拙著『議会事務局の役割と改革提言』（月刊『地方議会人』（会論社））2018年7月号参照。

⑪ **2019（平成31）年1月25日**

大規模自治体の議会改革

三重県地方自治研究センター上席研究員
（議会事務局研究会共同代表）
高沖 秀宣

大規模自治体の議会改革

⑫　2019（令和元）年8月9・16日
令和新時代の議会事務局改革

三重県地方自治研究センター上席研究員
（議会等改革調査研究会共同代表）
高沖　秀宣

令和新時代の議会事務局改革

■「議会事務局」から「議会局」への体制整備

■議会事務局職員の定数管理

⑬　2020（令和２）年２月７日

「通年制議会」について考える

高沖　秀宣

三重県地方自治研究センター上席研究員
（議会事務局研究会共同代表）

「通年制議会」について考える

⑭　2020（令和2）年8月7・14日

政務活動費の政策的活用について

自治体議会研究所　代表　高沖　秀宣（議会事務研究会共同代表）

政務活動費の政策的活用について

⑮　2021（令和3）年3月5日

改革の底辺から底辺の改革へ

自治体議会研究所　代表
高沖　秀宣
（議会事務局研究会共同代表）

（大きな見出し）改革の底辺から底辺の改革へ

1　「議会基本条例制定へ」について

2　「議会の主体的な政策提案」について

3　「議会活動において見える化事業を展開する」について

4　議会事務局・議会図書室に関する人材育成

5　政策立案能力向上のための議員研修

6　「議会図書室を住民も利用できる施設にする」について

7　「議会事務局職員の増強」について

⑯　2021（令和3）年9月10日

議会基本条例15年の軌跡

自治体議会政策研究所　代表
高沖　秀宣
（議会事務局研究会共同代表）

議会基本条例15年の軌跡

自治体議会に「議会基本条例」が誕生して今年で15年になる。栗山町議会基本条例の制定以降、議会改革を進めてきたが、住民自治の推進にとまだまだ住民との情報共有や住民参加の拡充など、議会基本条例の本旨を実現するための諸課題が残されている。

平成18（2006）年5月に北海道栗山町議会が制定した栗山町議会基本条例は、同町議会の議会改革を進める過程のなかで、13条からなる条例として制定された。その後全国の自治体議会で制定が広がり、現在その内容は、通年議会や議会報告会など特別区25、市500、町村328の制定に至っている（注①）。

■「議会基本条例」とは
15年前に栗山町議会が議会基本条例を制定した当時は、その名称が議会運営に関する基本的な事項を定めた条例であり、その内容から総合的な条例であったことから「議会基本条例」という名称が採用されたものと考えられる。

栗山町議会基本条例が制定された以降、全国の議会基本条例も同様の目的・趣旨で制定されたものと考えられ、条文内容に関しても「議会報告会」とか「議員間討議」など住民との関係を規定する規定など議会運営に関わる基本事項が盛り込まれた議会基本

■新型コロナウイルス感染症拡大による議会運営の課題

新型コロナウイルス感染症拡大に伴い、議員の議会基本条例にも「緊急事態への対応」事項が規定されている。例えば、「議会の災害対策」規定とか「議会の業務継続計画」など災害発生時の対応が定められているが、近年の状況に鑑みると、新型コロナウイルス感染症を想定した危機管理の観点からも緊急事態への対応として規定する必要がある。

その観点から、ある調査（注②）では議会基本条例を改正した茨城県取手市議会では、昨年5月、情報通信技術（ICT）を積極的に活用するため議会基本条例を改正し、その後、タブレット端末を活用した質疑や、オンライン会議システムを活用して、議会運営を効率化・迅速化している。（注、条例の一部を改正した。）

（条例改正に伴い「○○会議」委員会条例の改正も行っており、議会運営の本旨とも沿った運営を図っている。）

■議会基本条例の全部改正を考える時期ではないか

栗山町では、改訂分科会（注①）で議会基本条例の改正を考えて、5つの部会の進捗を考えつつ規定内容の見直しを進め、栗山町議会は全部改正を初めて行ったものと考えられる。栗山町議会基本条例は平成26年の改正を実施し、その後、議会基本条例も同様に全面改正を実施した。また、福島県白河市議会においても平成28年の改正を実施して、令和2年に全面改正をしている。

このように議会基本条例における条項の見直しを含む議論、全面改正を図るべきときは、議会機能の充実に向けて、その全部改正を検討したい。

（情報通信技術の活用）
第○条（略）
2　議会は、災害の発生、感染症のまん延など議員の本会議への出席が困難と認めるときは、情報通信技術を活用した議会運営を図るものとする（参考事例）。

■オンラインによる委員会審議だけでなく、本会議も開催できないだろうか

近年、総務省通知により、本会議は認められていないが、委員会条例の改正を行って、オンラインの方法による委員会審議を可能とする議会が出てきている。

しかし、議会基本条例の改正により、本会議も開催できるとする議論、あるいは法改正を求めつつ、新型コロナウイルス感染症拡大の状況下で議員全員が一堂に会することを避けつつ本会議を開催できることの議会運営の実現に向けて、まだ、現在の運営は、住民の最重要の議案審議だけでなく「日常」の議員活動にとってもオンライン会議が不可欠であることから、同様の考え方でオンラインによる本会議も開催できるよう整備が必要ではないか。

さらに近年の議会基本条例の「議会機能の維持」とは、「オンラインによる本会議の開催」を規定しておくことにより、住民にとっても最重要であるが、議会基本条例において、オンラインによる本会議の開催を可能にする議会を開くことの議論も進めてほしい。

（注①）総務省議会ナビサイトのHPより。
（注②）高井秀宣『自治体議会改革論』（第一法規令和版「2018年」）42頁より。
（注③）早稲田大学マニフェスト研究所
・議会改革度調査2020

⑰　2022（令和4）年4月4日

政務活動費は、果たして不要なのか？

自治体議会研究所　代表　高沖　秀宣
（議会事務局実務研究会共同代表）

■「使い切りの行事」なのか

■政務活動費の歳出と実態

■政務活動費の使用実態

政務活動費は、果たして不要なのか？

■政務活動費の活用策

（※）二〇二〇年三月三〇日のなの津市議会政務活動費検討委員会報告書

⑱　2022（令和４）年10月24日

政務活動費に係る議会事務局の役割

自治体議会研究所 代表
（議会事務局研究会共同代表）
高沖　秀宣

政務活動費に係る議会事務局の役割

⑲　2023（令和5）年4月24日

自治体議会における附属機関の役割

自治体議会研究所　代表
（議会事務局実務研究会共同代表）
高沖　秀宣

自治体議会における附属機関の役割

【参考文献】

- 宇賀克也『地方自治法概説　第10版』有斐閣・2023年
- 江藤俊昭『地方議会改革　自治を進化させる新たな動き』学陽書房・2011年
- 江藤俊昭『自治体議会学』ぎょうせい・2012年
- 大石眞『憲法講義Ⅰ　第3版』有斐閣・2014年
- 香川純一・野村憲一『自治体の議会事務局職員になったら読む本』学陽書房・2015年
- 大森彌『分権時代の首長と議会』ぎょうせい・2000年
- 大森彌『自治体議員入門』第一法規・2021年
- 金井利之『自治体議会の取扱説明書』第一法規・2019年
- 神原勝『［増補］自治・議会基本条例論』公人の友社・2010年
- 駒林良則『地方議会の法構造』成文堂・2006年
- 駒林良則『地方自治組織法制の変容と地方議会』法律文化社・2021年
- 佐々木信夫『地方議員』ＰＨＰ新書・2009年
- 髙沖秀宣『「二元代表制」に惹かれて』公人の友社・2013年
- 髙沖秀宣編『議会事務局はここまでできる!!』学陽書房・2016年
- 千田謙蔵『迫る地方分権，がんばれ自治体』ぎょうせい・1998年
- 辻陽『戦後日本地方政治史論　二元代表制の立体的分析』木鐸社・2015年
- 辻陽『日本の地方議会』中公新書・2019年
- 土山希美枝『「質問力」でつくる政策議会』公人の友社・2017年
- 中邨章『地方議会人の挑戦　議会改革の実績と課題』ぎょうせい・2016年
- 中邨章監修『自治体議会の課題と争点』芦書房・2012年
- 牧瀬稔『議員が提案する政策条例のポイント』東京法令出版・2008年
- 森啓／川村喜芳『自治体理論の実践　北海道土曜講座の十六年』公人の友社・2011年
- 廣瀬克哉『「議員力」のススメ』ぎょうせい・2010年
- 廣瀬克哉編『自治体議会改革の固有性と普遍性』法政大学出版局・2018年
- 吉田利宏『地方議会のズレの構造』三省堂・2016年
- 会津若松市議会『議会からの政策形成』ぎょうせい・2010年
- 三重県議会『三重県議会——その改革の軌跡』公人の友社・2009年

・三重県議会『三重県議会の議会改革──評価と展望──』2011年
・三重県地方自治研究センター「市町議会の在り方に関する研究会」
【報告・提言】（2016年4月）
・向大野新治『議会学』吉田書店・2018年
・森啓『新自治体学入門』時事通信社・2008年

おわりに

　本書の書名『自治体議会改革講義』については，「はしがき」にもあるように当初は，「自治体議会改革概論」とか「自治体議会改革概説」とかを考えていた。

　しかし，書き進めるうちに筆者の力量ではとても概論とか概説書といった体系的なものは無理なので，むしろ自治体議員・職員向けの議会基礎講座・講演会等で使用できるレジュメ案のようなもの，「概説」よりもむしろ「講義」の方がふさわしいのではないかと思ってこのような体裁となってしまった次第である。

　書名はともかく，出来上がったこの本が，果たしてどれだけ活用していただけるのか，いささか不安ではある。総務省の研究会からも自治体議会の在り方については，特に小規模自治体議会に対してではあるが，新しい議会のカタチが提案されたところである。そのような時期であるだけに，全国の自治体議会の議員や事務局職員が，今後の議会の在り方や議会改革の方向性を考える上で少しでも参考にしていただければ幸いである。今後は，議会改革に終わりはないので，筆者も志の続く限り，議会改革の研究を続けていくつもりである。

　また，今年1月に秋田県横手市議会に招かれた際に，元横手市議会議員・元横手市長の千田謙蔵先生を訪ねたが，それは筆者が20年以上も前に自治大学校で千田先生の講演を聴いたことがあったからである。久しぶりにお会いした先生は，すこぶるお元気な様子で，突然訪ねて来た筆者を慈愛に満ちた優しい眼差しで迎え入れてくださった。そして，筆者が持参した先生の御著書に『天を仰ぎ　地を歩む』とサインも頂戴したのである。御年86歳であったが，その志はいつまでも気高く，筆者も学ばなければならないと感動して帰郷したところである。以来，筆者も常に「志は高く」ありたいと思っている。

　なお，4年前，筆者に県庁退職後も地方自治，特に自治体議会に関し

て自由な研究環境の場を与えていただいたのは，（公財）地方自治総合研究所の理事長としてその手腕を発揮された後，三重県地方自治研究センターでも理事長をされていた北岡勝征氏のおかげである。北岡氏の御配慮がなければ，この本は世に出なかった。謹んで感謝の意を表したい。

　最後に，本書の公刊に当たっては，東京法令出版(株)に大変お世話になった。素人同然の拙稿を出版社内で湯浅崇氏が編集担当の野呂瀬裕行氏につないでいただき，編集実務や校正では，新進気鋭の井出初音氏をはじめ，数多くの方のお世話になった。改めて感謝の言葉を捧げたいと思う。

　2018（平成30）年 7 月
　　　　　　三重県地方自治研究センターの研究室にて
　　　　　　　　　　　　髙沖　秀宣

著者紹介

髙沖秀宣（たかおき　ひでのぶ）

1953年三重県生まれ。三重県立津高等学校卒・京都大学法学部卒。1979年三重県庁入庁後，2002年4月～2011年3月三重県議会事務局にて，政策法務監，政務調査課長，企画法務課長，総務課長，次長を歴任。2014年3月三重県庁退職。同年4月～三重県地方自治研究センター上席研究員。同年1月～議会事務局研究会共同代表。2020年1月～自治体議会研究所代表。

（関心領域）　自治体議会学

（著書等）　『「二元代表制」に惹かれて』公人の友社，編著『議会事務局はここまでできる!!』学陽書房，『自治体議会改革講義』（東京法令出版）

（社会活動等）　松阪市議会改革特別委員会アドバイザー（2011年6月～2014年3月），同市議会議員定数のあり方調査会委員（2016年5月～同年10月），下呂市議会アドバイザー（2020年4月～）

ポストコロナ時代の自治体議会改革講義

平成30年7月20日　初　版　発　行
令和5年7月15日　改　訂　版　発　行（書名変更）

著　者　髙　沖　秀　宣

発行者　星　沢　卓　也

発行所　東京法令出版株式会社

112-0002	東京都文京区小石川5丁目17番3号	03(5803)3304
534-0024	大阪市都島区東野田町1丁目17番12号	06(6355)5226
062-0902	札幌市豊平区豊平2条5丁目1番27号	011(822)8811
980-0012	仙台市青葉区錦町1丁目1番10号	022(216)5871
460-0003	名古屋市中区錦1丁目6番34号	052(218)5552
730-0005	広島市中区西白島町11番9号	082(212)0888
810-0011	福岡市中央区高砂2丁目13番22号	092(533)1588
380-8688	長野市南千歳町1005番地	

〔営業〕TEL　026(224)5411　FAX　026(224)5419
〔編集〕TEL　026(224)5412　FAX　026(224)5439
https://www.tokyo-horei.co.jp/

ISBN978-4-8090-4077-1